AF185857

Tucholsky Wagner Zola Scott Schlegel
Turgenev Wallace Fonatne Sydow Freud
Twain Walther von der Vogelweide Fouqué Friedrich II. von Preußen
Weber Freiligrath
Fechner Fichte Weiße Rose von Fallersleben Kant Ernst Frey
Hölderlin Richthofen Frommel
Engels Fielding Eichendorff Tacitus Dumas
Fehrs Faber Flaubert
Maximilian I. von Habsburg Fock Eliasberg Zweig Ebner Eschenbach
Feuerbach Eliot
Ewald Vergil
Goethe London
Mendelssohn Balzac Shakespeare Elisabeth von Österreich
Lichtenberg Rathenau Dostojewski Ganghofer
Trackl Stevenson Doyle Gjellerup
Mommsen Tolstoi Hambruch
Thoma Lenz Droste-Hülshoff
Dach Verne von Arnim Hägele Hanrieder
Reuter Hauff Humboldt
Karrillon Rousseau Hagen Hauptmann Gautier
Garschin
Damaschke Defoe Hebbel Baudelaire
Descartes
Wolfram von Eschenbach Hegel Kussmaul Herder
Bronner Darwin Dickens Schopenhauer Rilke George
Melville Grimm Jerome
Campe Horváth Aristoteles Bebel Proust
Bismarck Vigny Barlach Voltaire Federer Herodot
Gengenbach Heine
Storm Casanova Tersteegen Grillparzer Georgy
Lessing Gilm
Chamberlain Langbein Gryphius
Brentano Lafontaine
Strachwitz Claudius Schiller Kralik Iffland Sokrates
Katharina II. von Rußland Bellamy Schilling
Gerstäcker Raabe Gibbon Tschechow
Löns Hesse Hoffmann Gogol Wilde Vulpius
Luther Heym Hofmannsthal Gleim
Roth Klee Hölty Morgenstern Goedicke
Heyse Klopstock
Luxemburg Puschkin Homer Kleist
La Roche Mörike
Machiavelli Horaz Musil
Navarra Aurel Musset Kierkegaard Kraft Kraus
Lamprecht Kind Kirchhoff Hugo Moltke
Nestroy Marie de France
Nietzsche Nansen Laotse Ipsen Liebknecht
Marx Lassalle Gorki Ringelnatz
von Ossietzky May Klett Leibniz
vom Stein Lawrence Irving
Petalozzi Knigge
Platon Pückler Kafka
Sachs Poe Michelangelo Kock
Liebermann Korolenko
de Sade Praetorius Mistral Zetkin

Der Verlag tradition aus Hamburg veröffentlicht in der Reihe **TREDITION CLASSICS** Werke aus mehr als zwei Jahrtausenden. Diese waren zu einem Großteil vergriffen oder nur noch antiquarisch erhältlich.

Symbolfigur für **TREDITION CLASSICS** ist Johannes Gutenberg (1400 — 1468), der Erfinder des Buchdrucks mit Metalllettern und der Druckerpresse.

Mit der Buchreihe **TREDITION CLASSICS** verfolgt tradition das Ziel, tausende Klassiker der Weltliteratur verschiedener Sprachen wieder als gedruckte Bücher aufzulegen – und das weltweit!

Die Buchreihe dient zur Bewahrung der Literatur und Förderung der Kultur. Sie trägt so dazu bei, dass viele tausend Werke nicht in Vergessenheit geraten.

Rezensionen

Heinrich Heine

Impressum

Autor: Heinrich Heine
Umschlagkonzept: toepferschumann, Berlin

Verlag: tradition GmbH, Hamburg
ISBN: 978-3-8424-9049-9
Printed in Germany

Rheinisch-westfälischer Musen-Almanach auf das Jahr 1821

Herausgegeben von Friedrich Raßmann Hamm, bei Schmilz und Wundermann.

(1821)

»Was lange wird, wird gut« – »Eile mit Weile« – »Rom ist nicht in einem Tag gebaut« – »Kommst du heute nicht, kommst du morgen« und noch viele hundert ähnliche Sprichwörter führt der Deutsche beständig im Munde, dienen ihm als Krücken bei jeder Handlung und sollten mit Recht der ganzen deutschen Geschichte als Motto vorangesetzt werden. – Nur unsere Almanachs-Herausgeber haben sich von jenen ledigen Sprichwörtern losgesagt, und ihre poetischen Blumensträußchen, die dem Publikum in winterlicher Zeit ein Surrogat für wirkliche Sommerblumen sein sollen, pflegen schon im Frühherbste zu erscheinen. Es ist daher befremdend, daß vorliegender poetische Blumenstrauß so spät, nämlich im April 1821, zum Vorschein gekommen. Lag die Schuld an den Blumenlieferanten, den Einsendern? oder am Straußbinder, dem Herausgeber? oder an der Blumenhändlerin, der Verlagshandlung? Doch es ist ja kein gewöhnlicher Almanach, kein poetisches Taschenbuch oder ähnliches Duodezbüchlein, das als ein niedliches Neujahrsgeschenk in die Sammel-Ridiküls holder Damen geschmeidig hineingleiten soll, oder bestimmt ist, mit der feingeglätteten Vignettenkapsel und dem hervorblitzenden Goldschnitt auf duftender Toilette neben der Pomadenbüchse zu prangen; nein – Herr Raßmann gibt uns einen Musen-Almanach. In einem solchen darf nämlich gar keine Prosa (und, wenn es tunlichst ist, auch gar nichts Prosaisches) enthalten sein, aus dem einfachen Grunde; weil die Musen nie in Prosa sprechen. Dieser Satz, der durch historische Erinnerungen an die Musen-Almanache von Boß, Tieck, Schlegel usw. entstanden ist, hat des Referenten selige Großmutter einst veranlaßt, zu behaupten, daß es eigentlich gar keine Poesie gibt, wo keine Reime klingen oder Hexameter springen. Nach diesem Grundsatz kann man dreist behaupten, daß viele unserer berühmten, viele unserer sehr gelesenen Autoren, wie z.B. Jean Paul, Hoffmann, Clauren, Karoline Fouqué usw. nichts von der Poesie verstehen, weil sie nie oder höchst selten

Verse machen. Doch viele Leute, worunter Referent so halb und halb auch gehört, wollen diesen Grundsatz bestreiten. Sollte Herr Raßmann nicht auch zu diesen Leuten gehören? Warum aber diese engbrüstige Laune, bei einer poetischen Kunstausstellung – was doch der Musen-Almanach eigentlich sein soll – gar keine Prosa einzulassen? – Indessen, abgesehen von allem Zufälligen und zur Form Gehörigen, muß Referent gestehen, daß ihn der Inhalt des Büchleins recht freundlich und innig angesprochen hat, daß ihm bei manchem Gedichte das Herz aufgegangen, und daß ihm bei der Lektüre des »Rheinisch-westfälischen Musen-Almanachs« so wohlig, heimisch und behaglich zumute war, als ob er sein Leibgericht äße, rohen westfälischen Schinken nebst einem Glase Rheinwein. Durchaus soll hier nicht angedeutet sein, als ob die im Almanach enthaltenen westfälischen Dichter mit westfälischem Schinken, hingegen die ebenfalls darin enthaltenen rheinischen Dichter mit Rheinwein zu vergleichen wären. Referent kennt zu genau den kreuzbraven, echtwackern Sinn des Kernwestfalen, um nicht zu wissen, daß er in keinem Zweige der Literatur seinen Nachbarn nachzustehen braucht, obzwar er noch nicht darauf eingeübt ist, mit den literarischen Kastagnetten sich durchzuklappern und ästhetische Maulhelden niederzuschwatzen.

Von den siebenunddreißig Dichtern, die der Musen-Almanach vorführt und worunter auch einige neue Namen hervorgrüßen, muß zuerst der Herausgeber erwähnt werden. Raßmann gehört der Form nach der neuern Schule zu; doch sein Herz gehört noch der alten Zeit an, jener guten alten Zeit, wo alle Dichter Deutschlands gleichsam nur *ein* Herz hatten. Schon bei dem flüchtigen Anblick der Gegenstände der literarischen Tätigkeit Raßmann's wird man innig gerührt durch seine Liebe für fremde Arbeiten und sein emsiges Hervorsuchen des fremden Verdienstes (lauter altfränkische Eigenschaften, die längst aus der Mode gekommen!). In den Gedichten Raßmann's, die der Musen-Almanach enthält, besonders in »Einzwängung des Frühlings«, »Der Töpfer nach der Heirat« und im »Armen Heinrich« finden sich ganz ausgesprochen jene grundehrliche Gesinnung, liebreiche Betriebsamkeit und fast Hans-Sachsische Ausmalerei. E. M. Arndt's Gedicht »Die Burg des echten Wächters« ist herzlich und jugendlich frisch. In W. v. Blomberg's »Elegie auf die Herzogin von Weimar« sind recht schöne und an-

mutige Stellen. Bueren's Nachtstück »Die Hexen« ist sehr anzie-
hend; der Verfasser fühlt gar wohl, wieviel durch metrische Kunst-
griffe erreicht werden kann, er fühlt gar wohl die Macht der Spon-
deen, besonders der spondeischen Reime; doch die höhere Feinheit,
die Mäßigkeit, die im Gebrauche derselben beobachtet werden muß,
ist ihm bis jetzt noch unbekannt. In J. B. Rousseau's Gedicht »Verlust« weht ein zarter und doch herzinnig glühender Hauch, liebli-
che Weichheit und heimlich süße Wehmut. Heilmann's Gedicht
»Geist der Liebe« wäre sehr gut, wenn mehr Geist und weniger (das
Wort) Liebe drin wäre. Der Stoff von Theobald's »Schelm von Ber-
gen« ist wunderschön, fast unübertrefflich; doch der Verfasser ist
auf falschem Wege, wenn er den Volkston durch holpernde Verse
und Sprachplumpheit nachzuahmen sucht. Der gemütliche Gebauer
gibt uns hier vier Gedichte, recht herzig, recht hübsch. Wilhelm
Smets gibt ebenfalls eine Reihe schöner Dichtungen, wovon einige
gewiß seelenerquickend genannt werden dürfen. Zu diesen gehören
das Sonett »An Ernst von Lassaux« und das Gedicht »An Elisabeth's
Namenstage.« Nikolaus Meyer's Gedichte sind recht wacker, einige
ganz vortrefflich, am allerschönsten ist das Gedicht »Liebesweben«.
»Der Klausner« von Freifrau Elise von Hohenhausen ist ein sinni-
ges, heiteres, blühendes Gemälde, von dessen Anmut und Lieblich-
keit das Gemüt des Lesers angenehm bewegt wird. Rühmliche Aus-
zeichnung verdienen die Gedichte von Adelheid von Stolterfoth,
von Sophie George und von v. Kurowski-Eichen. – Der Druck des
Büchleins ist recht ansprechend, das Äußere desselben fast zu be-
scheiden und einfach. Doch der goldne Inhalt läßt bald den Mangel
des Goldschnitts übersehen.

Gedichte von Johann Baptist Rousseau

Krefeld, bei Funke, 1823

Poesien für Liebe und Freundschaft

Von demselben
Hamm, bei *Schmitz* und *Wundermann*. 1823

(1823)

Die Gefühle, Gesinnungen und Ansichten des Jünglingsalters sind das Thema dieser zwei Bücher. Ob der Verfasser die Bedeutung dieses Alters völlig begriffen hat, ist uns nicht bekannt; doch ist es unverkennbar, daß ihm die Darstellung desselben nicht mißlungen ist. – Was will ein Jüngling? Was will diese wunderliche Aufregung in seinem Gemüte? Was wollen jene verschwindenden Gestalten, die ihn jetzt ins Menschengewühle, und nachher wieder in die Einsamkeit locken? Was wollen jene unbestimmten Wünsche, Ahnungen und Neigungen, die sich ins Unendliche ziehen, und verschwinden, und wieder auftauchen und den Jünglingen zu einer beständigen Bewegung antreiben? Jeder antwortet hier auf seine eigne Weise, und da auch wir das Recht haben, unseren eignen Ausdruck zu wählen, so erklären wir jene Erscheinung mit den Worten: »Der Jüngling will eine Geschichte haben.« Das ist die Bedeutung unseres Treibens in der Jugend; wir wollen was erlebt haben, wir wollen erbaut und zerstört, genossen und gelitten haben; im Mannesalter ist schon manches dergleichen erlangt, und jener brausende Trieb, der vielleicht die Lebenskraft selbst sein mag, ist schon etwas abgedämpft und in ein ruhiges Bett geleitet. Doch erst der Greis, der im Kreise seiner Enkel unter der selbstgepflanzten Eiche, oder unter den Leichen seiner Lieben auf den Trümmern seines Hauses sitzt, fühlt jenen Trieb, jenes Verlangen nach einer Geschichte, in seinem Herzen gänzlich befriedigt und erloschen. – Wir können jetzt die Hauptidee obiger zwei Bücher genugsam andeuten, wenn wir sagen, daß der Verfasser in dem ersten sein Streben, eine Geschichte zu haben, und in dem andern die ersten Anfänge seiner Geschichte dargestellt hat. Wir nannten die Darstellung gelungen, weil der Verfasser uns nicht Reflexionen über seine Gefühle, Gesinnungen und Ansichten, sondern diese letzteren selbst gegeben hat in den von ihnen notwendig hervorgerufenen Ansprüchen, Tätigkeiten und anderen Äußerlichkeiten. Er hat die ganze Außenwelt ruhig auf sich einwirken lassen, und frei und schlicht, oft großartig-ehrlich und kindlich-naiv ausgesprochen, wie sie sich in seinem bewegten Gemüte abgespielt. Der Verfasser hat hierin den obersten Grundsatz der Romantikerschule befolgt und hat, statt nach der bekannten falschen Idealität zu streben, die besondersten Besonderheiten eines einfältiglichen, bürgerlichen Jugendlebens in seinen Dichtungen hingezeichnet. Aber was ihn als Dichter bekundet, ist: daß in jenen Besonderheiten sich wieder das Allgemeine zeigt, und daß sogar in jenen niederländischen Gemälden, wie sie uns der Verfasser in den Sonetten manchmal dargibt, das Idealische selbst uns sichtbar entgegen tritt. Diese Wahl und Verbindung der Besonderheiten ist es ja, woran man das Maß der Größe eines Talents erkennen kann; denn wie des Malers Kunst darin besteht, daß sein Auge auf eine eigentümliche Weise sieht, und er z. B. die schmutzigste Dorfschenke gleich von der Seite auffaßt und zeichnet, von welcher sie eine dem Schönheitssinne und Gemüt zusagende Ansicht gewährt: so hat der wahre Dichter das Talent, die unbedeutendsten und unerfreulichsten Besonderheiten des gemeinen Lebens so anzuschauen und zusammen zu setzen, daß sie sich zu einem schönen, echt poetischen Gedichte gestalten. Deshalb hat jedes echte Gedicht eine bestimmte Lokalfärbung, und im subjektiven Gedichte müssen wir das Lokal erkennen, wo der Dichter lebt. Aus den vorliegenden Dichtungen haucht uns der Geist der Rheingegenden an, und wir finden darin überall Spuren des dortigen Treibens und Schaffens, des dortigen Volkscharakters mit all seiner Lebensfreude, Anmut, Freiheitsliebe, Beweglichkeit und unbewußten Tiefe. – In Hinsicht der Kunststufe halten wir das zweite der beiden Bücher für vorzüglicher als das erste, obschon dieses mehr Ansprechendes und Kräftiges enthält. In dem ersten Buche ist noch die Bewegung der Leidenschaft vorherrschend, eben weil in demselben das unruhige Streben nach Geschichte sich ausspricht; im zweiten dämmert schon eine epische Ruhe hervor, da bereits einiger Geschichtsstoff vorhanden ist, der bestimmte Umrisse gewährt. – Nun weiß aber jeder – und wer es nicht weiß, erfahre es hier – daß die Leidenschaft ebensogut Gedichte hervorbringt als der eingeborene poetische Genius. Darum sieht man so viele deutsche Jünglinge, die sich für Dichter halten, weil ihre gährende Leidenschaft, etwa das Hervorbrechen der Pubertät oder der Patriotismus oder der Wahnsinn selbst, einige erträgliche Verse erzeugt. Darum sind ferner manche Winkelästhetiker, die vielleicht einen zärtlichen Kutscher oder eine zürnende Köchin in poetische Redensarten ausbrechen sahen, zu dem Wahne gelangt: die Poesie sei gar nichts anderes als die Sprache der Leidenschaft. Sichtbar hat unser Verfasser in dem ersten Buche manches Gedicht durch den Hebel der Leidenschaft hervorgebracht: doch von den Gedichten des zweiten Buches läßt sich sagen, daß sie zum Teil Erzeugnisse des Genius sind. Schwerer ist es, das Maß der Kraft desselben zu bestimmen, und der Raum dieser Blätter erlaubt nicht eine solche Untersuchung. Wir gehen daher über zu einem mehr äußerlichen Bezeichnen der beiden Bücher. Das erste enthält hundert einzelne und verbundene Gedichte, in verschiedenen Vers- und Tonarten. Der Verfasser gefällt sich darin, die meisten südlichen Formen nachzubilden, mit mehr oder weniger Erfolg. Doch auch die schlicht deutsche Spruchweise und das Volkslied sind nicht vergessen. Seiner Kürze halber sei folgender Spruch erwähnt:

> Mir ist zuwider die Kopfhängerei
> Der jetzigen deutschen Jugend,
> Und ihre, gleich einer Litanei,
> Auswendig gelernte Tugend.

Die Volkslieder sind zwar im rechten Volkstone, aber nach unserem Bedünken etwas zu massiv geschrieben. Es kommt darauf an, den Geist der Volksliedformen zu erfassen, und mit der Kenntnis desselben nach unserem Bedürfnis gemodelte, neue Formen zu bilden. Abgeschmackt klingen daher die Titulatur-Volkslieder jener Herren, die den heutigsten Stoff aus der gebildeten Gesellschaft mit einer Form umkleiden, die vielleicht ein ehrlicher Handwerksbursche vor zweihundert Jahren für den Erguß seiner Gefühle passend gefunden. Der Buchstabe tötet, doch der Geist macht lebendig. – Das zweite Buch enthält nur Sonette, wovon die erste Hälfte, »Tempel der Liebe« überschrieben, aus poetischen Apologien befreundeter Geister besteht. Unter den Liebessonetten halten wir am gelungensten XVI, XVIII, XX, XXI, XXII, XXXVI. Im »Tempel der Freundschaft« zeichnen wir aus die Sonette an Strauß, Arnim und Brentano, A. W. v. Schlegel, Hundeshagen, Smets, Kreuser, Rückert,

Blomberg, Löben, Immermann, Arndt und Heine. Unter diesen hat uns das Sonat an J. Kreuser am meisten angesprochen. Das Sonett an E. M. Arndt finden wir löblich, weil der Verfasser nicht, wie so manche zahme Leute, aus bekannten Gründen sich scheut, von diesem ehrenwerten Manne öffentlich zu sprechen. In diesem Sonette wollen wir den zweiten Vers nicht verstehen; Babel liegt nicht an der Seine, das ist ein widerwärtiger geographischer Irrtum von 1814. Im Ganzen scheint kein tadelsüchtiger Geist in diesem »Tempel der Freundschaft« zu wohnen, und es mag hie und da das versifizierte Wohlwollen allerdings etwas zu reichlich gespendet sein. Besonders ist dies der Fall in den Sonetten an H. Heine, den der Verfasser auch schon im ersten Buche gehörig bedacht, und den wir hier mit acht Sonetten begabt finden, wo andere Leute mit einem einzigen beehrt sind. Heine's Haupt wird durch jene Sonette mit einem so köstlichen Lorbeerzweige geschmückt, daß Herr Rousseau sich wahrhaft einmal in der Folge das Vergnügen machen muß, dieses von ihm so schön bekränzte Haupt mit niedlichen Kotkügelchen zu bewerfen; wenn solches nicht geschieht, so ist es jammerschade und ganz gegen Brauch und Herkommen, und ganz gegen das Wesen der gewöhnlichen menschlichen Natur.

Tasso's Tod

Trauerspiel in fünf Aufzügen
Von Wilhelm Smets

Koblenz, bei Kölscher

(1821)

Diese Dichtung hat uns beim ersten unbefangenen Durchlesen so freundlich ergötzt und gemütlich angesprochen, daß es uns wahrlich schwer ankommt, sie mit der notwendigen Kälte nach den Vorschriften und Anforderungen der dramatischen Kunst kritisch zu beurteilen, ihren inneren Wert mit Unterdrückung individueller Anregungen gewissenhaft genau zu bestimmen und ihre Mängel und Gebrechen mit strenger Hand aufzudecken. – Ehrlich gestanden, will es uns freilich bedünken, als ob wir bei diesem Geschäft nicht ganz unähnlich sind jenem unzufriedenen Grämlinge, der in der Mittagsschwüle unter einem laubigen Apfelbaume ein kühlendes Obdach fand, den lechzenden Gaumen mit den Früchten desselben labte, sich weidlich ergötzte an dem Gezwitscher der Vöglein, die von Zweig zu Zweig flatterten, aber endlich gegen Abend sich verdrießlich auf die Beine macht, und über den Baum räsonniert und in sich murmelt: »Das war ein erbärmliches Lager, das waren ja herbe Holzäpfel, das war ein unausstehliches Spatzengepiepse usw.« Indessen, das Rezensieren hat doch auch sein Gutes. Es gibt heuer so viele wunderliche Bäume auf dem Parnaß, daß es not tut, wie in botanischen Gärten Gebrauch ist, bei jedem ein weißes Täfelchen zu stellen, worauf der Wanderer lesen kann: »Unter diesem Baume läßt sich's angenehm ruhen, auf diesem wachsen trefflich Früchte, in diesem singen Nachtigallen«; – so wie auch: »Auf diesem Baume wachsen unreife, unerquickliche und giftige Früchte, unter diesem Baume duftet sinnebetäubender Weihrauch, unter diesem spuken des Nachts alte Rittergeister, in diesem pfeift ein sauberer Vogel, unter diesem Baume kann man gut – einschlafen.«

Wir haben oben bemerkt, daß wir vorliegende Tragödie nach den Kunstvorschriften der Dramaturgie beurteilen wollen. Doch, da in betreff derselben auch unsere größten Ästhetiker nicht mit einander übereinstimmen, da es Anmaßung wäre, wenn wir unsere eigene

Meinung als die allein richtige annehmen wollten, und da wir nicht durch subjektive Ansicht das Verdienst des Dichters unbewußt beeinträchtigen möchten, so wollen wir nie unbedingt ein Urteil über die Leistungen desselben fällen, ohne erst mit wenigen Worten angedeutet zu haben, von welchen ästhetischen Grundsätzen wir ausgehn. Wir werden demnach vorliegende Tragödie aus drei Gesichtspunkten beurteilen: aus dem dramatischen, aus dem poetischen und aus dem ethischen Gesichtspunkte.

Lyrik ist die erste und älteste Poesie. Sowohl bei ganzen Völkern, als bei einzelnen Menschen, sind die ersten poetischen Ausbrüche lyrischer Art. Die gebräuchlichen Konvenienzmetaphern scheinen hier dem Dichter zu abgedroschen und kalt, und er greift nach ungewöhnlichen, imposanteren Bildern und Vergleichen, um sowohl seine subjektiven Gefühle als auch die Eindrücke, welche äußere Gegenstände auf seine Subjektivität ausüben, lebendig darzustellen. Es gibt Individuen und ganze Völker, die es in der Poesie nie weiter als bis zu dieser Dichtart gebracht werden. Bei beiden deutet solches auf einen Zustand der Geisteskindheit oder der flachen Einseitigkeit. Sobald aber beim Dichter eine gewisse Verstandesreife eingetreten ist, sobald sein geistiges Auge das innere Getreibe der äußern Gegenstände und Begebenheiten besser durchschaut, und sein Geist die Gesamtanschauung dieser Außenwelt in sich aufnimmt, so wird es auch ein neues Bestreben des Dichters sein, diese äußern Gegenstände in ihrer objektiven Klarheit, ohne Beimischung von subjektiven Gefühlen und Ansichten, poetisch schön darzustellen. So entsteht die epische und die dramatische Dichtung.

Gewisse Talente, wie man sieht, werden von der einen dieser Dichtungsarten ebensogut wie von der andern erfordert, nämlich: allgemeine Naturanschauung, Heraustreten aus der Subjektivität, treue, lebendige Schilderung von Begebenheiten, Situationen, Leidenschaften, Charakteren usw. Doch machen wir die vielbestätigte Bemerkung: daß Dichter, die in der einen dieser Dichtungsarten Meister sind, oft in der andern nichts Erträgliches zustande bringen können. Diese Beobachtung führt uns zur Untersuchung, ob jenes Mißlingen nicht dadurch entsteht, weil etwa bei der einen Dichtungsart die oben angedeuteten Talente in minderm Grade erforderlich sind als bei der andern, und weil vielleicht das Wesen beider Dichtungsarten so erstaunlich voneinander verschieden ist?

Wenn wir den epischen und den dramatischen Dichter, jeden in seiner Werkstätte belauschen und hier sein Verfahren beobachten, so ist uns nichts leichter als die Lösung dieser Frage. Der Epiker trägt freilich im Geiste die lebendigste Anschauung seines Stoffes, aber er erzählt einfach, natürlich sein Erzählen ist zwar meistens ein Nacheinander, aber auch oft ein Nebeneinander, und nicht seiten ein Voreinander (Voraussagen der Katastrophe). Er schildert ruhig die Gegend, die Zeit, das Kostüm seiner Helden, er läßt sie zwar sprechen, aber er erzählt ihre Mienen und Bewegungen, und zuweilen gar schießt ein Blitzstrahl aus seinem eigenen Gemüte, aus seiner Subjektivität, und beleuchtet mit schnellem Lichte das Lokal und die Helden seines Gedichtes. Dieses subjektive Aufblitzen, wovon unsere zwei besten epischen Gedichte, die Odyssee und die Nibelungen, nicht frei sind, und welches vielleicht zum Charakter des Epos gehört, zeigt schon, daß das Talent des gänzlichen Heraustretens aus der Subjektivität beim Epos nicht in so hohem Grade erforderlich ist als beim Drama. In dieser Dichtart muß jenes Talent vollkommen sein. Aber das ist noch lange nicht das Hauptsächlichste. Das Drama setzt eine Bühne voraus, wo sich nicht jemand hinstellt und das Gedicht vordeklamiert, sondern wo die Helden des Gedichts selbst lebendig auftreten, in ihrem Charakter mitsammen sprechen und handeln. Hierbei hat der Dichter nur notwendig aufzuzeichnen, was sie sprechen und wie sie handeln. Wehe dem Dichter aber, der es da vergißt, daß diese lebendigen Heldenvorsteller das Recht haben, nach eigener Willkür sich zu gruppieren und Grimassen zu schneiden, daß der Theaterschneider für hübsche Kleider, der Dekorationsmaler für hübsche Umgebungen, der Kapellmeister für dämmernde Gefühle, und der Lampenputzer für klare Beleuchtung Sorge trägt. Das will dem empirischen Dichter gar nicht in den Kopf, und wenn er sich im Drama versucht, verwickelt er sich in schöne Gegenbeschreibungen, Charakterschilderungen und zu feine Nuancierungen. Endlich leidet das Drama keinen Stillstand, kein Nebeneinander, noch viel weniger ein Voreinander wie das Epos. Der Hauptcharakter des Dramas ist also lebendiges und immer lebendigeres Fortschreiten und Ineinandergreifen des Dialogs und der Handlung.

Wir haben hier das Charakteristische im Wesen des Epos und des Dramas leicht hingezeichnet, und jedem ist es durchaus erklärbar, warum so viele Dichter mit Erfolg aus dem Gebiete der Lyrik in das Gebiet des Epischen übergehen, weil sie hier ihre Subjektivität nicht ganz und gar zu verleugnen brauchen, und durch etwaige Versuche in der Romanze, in der Elegie, im Roman und in dergleichen Dichtungsarten, welche aus einer Vermischung des Epischen und des Lyrischen bestehen, sich an jene Verleugnung der Subjektivität allmählich gewöhnen können, oder einen leichten Übergang zum Reinepischen finden, statt daß bei der dramatischen Dichtung keine solche Übergangsform vorhanden ist, und gleich die allerstrengste Unterdrückung der hervorquellenden Subjektivität verlangt wird. Zugleich ist es sichtbar, daß es die Gewohnheit, welche den erprobtesten epischen Dichter, der immer an Lokal- und Kostümschilderungen u. dgl. denkt, zum schlechten Dramatiker macht, und daß es daher gut ist, wenn der Dichter, der im Dramatischen sich hervortun will, aus dem Gebiete der Lyrik gleich in das Gebiet des Dramas übergeht.

Mit Vergnügen bemerken wir, daß dieses letztere der Fall ist beim Verfasser der vorliegenden Tragödie, dessen lyrische Gedichte sowohl durch äußern Glanz als lebendige Innigkeit uns so oft entzückt haben. Indessen, wie schwer, wie äußerst schwer der Übergang vom Lyrischem zum Dramatischen ist, hat unser Herr Verfasser selbst erfahren, da ihm seine erste, dem »Tasso« vorangehende Tragödie gänzlich mißlungen ist. Doch das ehrliche Geständnis, womit der Verfasser in der Vorrede zum »Tasso« über dieses Mißlingen sich äußert sowie auch der überraschende Eindruck, den letztere Tragödie auf denjenigen macht, der das Unglück gehabt hat, die frühere zu lesen, das alles berechtigt uns, viele Mängel des »Tasso« zu übersehen, das rüstige Fortschreiten des Verfassers zu bewundern, sein schon errungenes Talent anzuerkennen und ihm in einiger Ferne den Kranz zu zeigen, der ihm auf solchem Wege und bei solchem Streben nimmermehr vorenthalten werden kann.

Die bescheidene Erklärung in der Vorrede zum »Tasso« macht es uns gleichsam zur Pflicht, jeder Vergleichung desselben mit dem Goethe'schen Drama desselben Namens gehörig auszuweichen. Doch können wir nicht umhin, zu bemerken, daß die Begebenheit, welche letzterm zur Katastrophe dient, auch von unserm Verfasser benutzt worden ist, nämlich: der in Liebesverzückung taumelnde Tasso umarmt Leonore von Este. Als historisch müssen wir diese

Begebenheit leugnen. Tasso's Hauptbiographen, sowohl Serassi als auch (wenn wir nicht irren) Manso, verwerfen sie. Nur Muratori erzählt uns ein solches Märchen. Wir zweifeln sogar, ob je eine Liebe zwischen der zehn Jahr' älteren Prinzessin Leonore und Tasso existiert habe. Überhaupt, wir können auch nicht unbedingt annehmen die allgemein verbreitete Meinung, als habe Herzog Alfons aus bloßem Egoismus, aus Furcht, seinen eignen Ruhm geschmälert zu sehn, den armen Dichter ins Narrenhospital einsperren lassen. Ist es denn so etwas ganz Unerhörtes und Unbegreifliches, daß ein Poet verrückt geworden sei? Warum wollen wir uns dieses Verrücktwerden nicht vernünftig erklären? Warum nicht wenigstens annehmen, daß die Ursache jener Einsperrung sowohl im Hirne des Dichters als im Herzen des Fürsten gelegen habe? Doch wir wollen von allem historischen Vergleichen lieber gleich abgehen, setzen die Fabel des Stücks, wie sie allgemein gang und gebe ist, als bekannt voraus, und sehen zu, wie unser Verfasser seinen Stoff behandelt hat.

Das erste, was wir hier erblicken, ist, daß der Verfasser eine von Manso erwähnte und von Serassi durchaus geleugnete Leonore ins Spiel zieht. Durch diesen glücklichen Griff gewinnt das Stück an interessanter, intrigenartiger, dramatischer Verwickelung. Diese Leonore Nr. 3, genannt Leonore von Gisello, ist Gesellschafterin der Gräfin Leonore von Sanvitale. Mit dem Zweigespräch dieser beiden im Schloßpark zu Ferrara beginnt das Stück.

Leonore von Gisello gesteht, daß sie Tasso liebe, und erzählt, daß sie einen Beweis seiner Gegenliebe habe. Die Gräfin entgegnet ihr, daß dieser Beweis, der darin bestehe, daß so oft in Tasso's Liedern der Name Leonore gefeiert werde, sehr zweideutig sei, da noch zwei andere Damen des Hofes, sie selbst und die Prinzessin, denselben Namen führen. Es wäre sogar wahrscheinlich, daß die Prinzessin die Gefeierte sei. Die Gräfin erinnert an jenen Tag, wo Tasso dem Herzog sein vollendetes Gedicht, das befreite Jerusalem, überreichte, und die Prinzessin

– mit schnell gewandten Händen griff
Zum Lorbeerkranz, der Virgil's Marmor schmückte,
Und ihn dem Sänger auf die Stirne drückte,
Der niederbog sein Knie, sein lockicht Haupt,

Das eine Fürstin liebend ihm umlaubt!
Da zittert' er; so tief er sich auch beugte,
Hob sich sein Auge doch zu ihr empor,
Ich sah's, wie es hinauf, heiß funkelnd, strebte;
Das war das Höchste, was ihm könnt' begegnen,
Und gegen tausendfachen Lorbeerkranz
Des Kapitols hätt' er nicht den vertauscht,
Den er seit jener Stund' mit Eitelkeit
Am Ruhbett aufhing über seine Scheitel.
Unwillig sieht Alfonso dieses Treiben,
Er sieht des Standes Majestät verletzt,
Und was zurück noch ist, wer sagt das gern?!

Die Prinzessin erscheint, sie neckt die Gräfin wegen des Vielge-
feiertwerdens des Namens Leonore. In dem folgenden Monolog
zeigt die Prinzessin ihre Liebe für Tasso. Letzerer tritt auf, spricht
von seiner Liebe zu ihr.

Prinzessin

O schweiget, Tasso, schweigt, ich bitt' Euch drum.
Um meinetwegen schweigt, ich weiß das alles.

Tasso

Ihr könnt' nicht wissen, wie ich mich zerquäle,
Wie ich, um nicht verraten mich zu sehn,
Um Euch nicht zu verraten, hin und wieder
Als ein Verstellter um drei Wesen schmachte,
So einem, wie dem andern mich zu zeigen.

Er versinkt in Liebesschwärmerei und entfernt sich, wie der Herzog naht. Dieser macht bittere Anspielungen auf beider Liebe; die
Prinzessin weint, Alfons entfernt sich, Tasso kehrt zurück. »Ihr
weint, Eleonore?« Er lodert auf in stolzer Kraft, verwirrt sich in ein
schmachtendes Sonett, und in Liebeswahnsinn umarmt er die Prinzessin. Der Herzog, in Begleitung des Grafen Tirabo und einiger
Nobili, ist unterdessen im Hintergrunde erschienen und tritt schnell
auf Tasso los. Ende des ersten Akts.

Die Prinzessin in Liebeswehmut versunken. Die Gräfin kommt und erzählt ihr:

> Nach jenem Überfall im Parke ließ
> Der Herzog unsern Dichter ruhig gehen,
> Ihr wißt's, und konntet selbst Euch nicht die Miene
> Erklären, die der Bruder angenommen.

Hierauf sei Graf Tirabo zu Tasso gekommen und habe ihn verhöhnt mit erkünsteltem Mitleid. Tasso schlägt ihn –

> Doch er besann sich, fordert ihn zum Kampf
> Und zieht den Degen im Palast Ferrara's.

– – – –

> Der Graf schützt vor des Ortes Majestät,
> Und harret sein auf dem Lenardo-Wall.

Dort wird Tasso von Tirabo's Brüdern, drei heimtückischen Buben, überfallen, doch er wehrt sich brav, wird aber endlich gefangengenommen. Man hört den Jubel des Volkes über Tasso's Sieg. Der Herzog erscheint, verwundet die Schwester durch neue Bitterkeiten und verweist sie auf ihre Zimmer. In folgendem Monolog zeigt er sich in seiner wahren Gestalt:

> Sie geht – es sei! Verlier' ich ihre Gunst,
> Soll der Verlust die andern mir gewinnen,
> Ich bin der Herrscher hier, der Herr des Hofs,
> Der Ehre Gaben spend' ich aus, versammle
> Der Künste Kreis großmütig, Lust und Glanz
> Vor ganz Italien meinem Haus zu geben;
> Von fern her zieht der Fürst und Edelmann
> Und will der Frauen Schönheit hier bewundern,
> Wovon der Ruf in allen Ländern sprach;
> Und ich allein, am eignen Hofe bin ich
> Der Letzte, unbemerkt läßt man mich gehen,
> Erwärmt sich an der Fürstenwürde Strahl,
> In meiner Größe Schatten tut sich's gut,

Doch eines Irrlichts Glänzen schaut man nach,
Und einem Echo hört man seufzend zu.
Das ist der Dichter, den ich herbeirufen,
Der mäßig durch das rege Leben schlendert,
Der Jagdlust Mordlust nennt, und statt der Erde,
Worauf er wächst und lebt, den Mond besieht –
Er seh' sich vor, in meinem Herzogsmantel
Hüllt' ich ihn gnädig ein, er reißt sich los,
Zum Falle wird die Schleppe seinem Fuß!

Graf Tirabo erscheint und zeigt dem Herzog das Mittel, wie er wieder allein glänzen könne. Dies ist die Entfernung Tasso's. Man gebe ihn frei, bedeute ihm, daß die Prinzessin sich von ihm gewendet habe, und er wird sich von selbst entfernen. – Tasso ist befreit und ergeht sich im Garten. Er hört Gitarrentöne, und eine Stimme singt ein schmelzend üppiges Lied aus seinem »Aminta«. Es ist die Sängerin Justina, sie will den frommen Dichter mit süßen Klängen in die Netze der Sinnenlust verlocken. Tasso beschämt sich mit ernster Rede, spricht mit losbrechender Bitterkeit und Verachtung von den Großen des Hofs, vom Fürsten selbst. – Da erscheinen der Herzog und der Graf. Weil er den Fürsten gelästert habe und wahnsinnig scheine, wird Tasso nach St. Annen geschleppt. Ende des zweiten Akts.

Garten zu Ferrara. Zweigespräch des Herzogs und des Grafen. Letzterer bemerkt, man müsse Tasso streng hüten lassen. Der Herzog will ihn nur unschädlich wissen, nämlich wegen seiner Liebe zur Prinzessin. Diese erscheint und bittet ihren Bruder um Loslassung des Dichters. Der Herzog ist dazu geneigt, wenn sie sich nach Palanto entfernen wolle. Sie entschließt sich dazu, sie überträgt der Gräfin Sanvitale die Sorge für Tasso in ihrer Abwesenheit. Tiefer Liebesschmerz der Prinzessin. Ende des dritten Akts.

Garten des Hospitals zu St. Annen. Der Beichtvater des Hospitals und Leonore von Gisello; Letzere als Pilger gekleidet. Sie erbittet sich von ihm die Erlaubnis, den als wahnsinnig eingesperrten Tasso zu sprechen. Schwärmerisches Gespräch zwischen diesem und Leonore; sie sagt ihm, daß sie nach dem heiligen Lande pilgre, und gibt ihm einen Schlüssel, um sich durch die Pforte der Erkerstiege zu befreien. Tasso glaubt, er habe eine Engelserscheinung gehabt. –

Graf Tirabo kommt zum Beichtvater und meldet ihm, daß Tasso freigelassen werden solle. – Nacht. Erker von Tasso's Gemach unweit der Brücke, die über den Fluß führt. Leonore von Gisello, im Begriff, ihre Wallfahrt anzutreten, sinkt hin auf eine Bank unter dem Erker. Die Prinzessin nebst ihrer Hofdame geht über die Brücke, um sich nach Palanto zu begeben. Tasso erscheint am Erkerfenster. Unendlich wehmütiges Liebesgespräch zwischen ihm und der Prinzessin. Sie wankt fort mit ihrer Hofdame. Leonore von Gisello erhebt sich von ihrem Sitze, fühlt sich durch das angehörte Gespräch gestärkt zur langen Wallfahrt, grüßt Tasso nochmals mit wildem Worte, und geht schnell ab. Tasso ruft verhallend: »O weile, weile, verklärter Geist!«

Die Ketten fallen, und Tasso ist frei!

Er streckt die Arme aus nach der Enteilenden – Ende des vierten Akts.

Sprechzimmer im Kloster St. Ambrogio zu Rom. Der Beichtvater und Manso, Tasso's Jugendfreund (?). Dieser ist eben in Rom angekommen, und er erfährt, daß Tasso den folgenden Tag auf dem Kapitol gekrönt werden solle. Er will zu ihm, der Beichtvater bemerkt ihm, daß Tasso im Nebenzimmer schlafe, aber sehr krank sei, und schon von ihm das Abendmahl und die letzte Ölung empfangen habe. Er erzählt ihm, daß Tasso eigenmächtig seiner Haft entsprungen sei, just an dem Tage, wo der Herzog ihm die Freiheit schenkte, daß ein Pilger ihm heimlich den notwendigen Schlüssel gegeben habe, daß dieser Pilger wahrscheinlich Leonore von Gisello gewesen sei, daß aber Tasso ihn noch immer für einen gottgesandten Boten halte. Er schildert den Zustand, wie er Tasso wiedergefunden:

Wie ich ihn sah im dürftigen Gewande
Hinwanken auf der Straße, ausgesetzt
Des frühen Lenzes wechselvollem Treiben.
Auf Hagelschlossen folgte milder Regen,
Drauf blickte wieder hell die Sonne durch,
Bis frost'ger Hauch die Wolken vor sich trieb. –
So wankt' er hin mit unbedecktem Haupte,
Wild flatterten die Haare durch die Luft,

Und tief in Stirn und Scheitel eingedrückt,
Trug er verdorrten Lorbeers heil'gen Schmuck,
Den ihm Prinzessin Leonore einst
Aufs Haar gesetzet für sein heilig Lied.

Tasso sollte noch heute nach St. Onuphrius gebracht werden, weil dieser Platz dem Kapitole näher liegt. – Tasso erscheint, den Lorbeerkranz der Prinzessin in der Hand. Er spricht wie ein schon Verklärter und empfängt liebevoll seinen Manso. Der Prior von Onuphrius und zwei Mönche kommen, Tasso abzuholen. Volk drängt sich hinzu; Jubel und Musik. Begeisterung ergreift Tasso, er spricht von einer überirdischen Krönung, er hebt den Lorbeer der Prinzessin in die Höhe:

Mit diesem ward ich hier auf Erden groß,
Dort wird der schöne Engel mich umzweigen,
Von meinem ird'schen Ruhm soll *dieser* zeugen!

Er legt den Lorbeer in die Hände des Beichtvaters. Matt und schwankend wird er in Triumph und unter rauschender Musik fortgeführt. –

Säulenhalle in der Akademie zu St. Onuphrius. In der Mitte die Bildsäule des Ariost. Im Hintergrunde Aussicht auf das Kapitol.

Constanti und Kardinal Cinthio treten hervor. Ersterer erzählt den Tod der Prinzessin Leonore.

Da herrschte tiefe Trauer in Ferrara,
Und Tasso's Liedertönen dort nicht mehr;
Er war verschwunden und die Fürstin tot.
Die Gräfin Sanvitale drang in mich,
Ferrara zu verlassen, und nach Rom
Mich zu begeben auf der Eile Schwingen,
Daß nicht die Nachricht von der Fürstin Tod
Voreilig Tasso's hohe Qualen steigre.

Tasso wird in Triumph hereingebracht. Da er vor Mattigkeit zusammensinken will, lassen ihn seine Führer auf eine der Stufen von Ariost's Bildsäule nieder. Jauchzend des hereindringenden Volks.

Kardinäle, Prälaten, Nobili und Offiziere füllen die Halle. Musik-
wirbel. Tasso erhebt sich mit Anstrengung. Constantini zu seinen
Füßen, und begrüßt so den verherrlichten Freund. Tasso blickt er-
schrocken auf ihn nieder:

Tasso

> So ist es wahr, und nicht hat mir's geträumt,
> Ich sah dich früher schon auf meinem Wege.
> Mit schwarzem Flore ward dein Kleid umsäumt,
> Mein Ohr vernahm der Glocken Trauerschläge,
> Und geisterähnlich sprach dein Mund dies Wort:
> »Torquato findet Leonoren – dort!«

Tasso stirbt sichtbar ab, spricht verzückt von Gott und Geisterlie-
be, sinkt hin und sitzt als Leiche auf dem Piedestal der Bildsäule
seines großen Nebenbuhlers Ariosto. Der Beichtvater nimmt den
ihm überlieferten Lorbeerkranz, setzt ihn auf das heilige Haupt des
Erblichenen. Verhallende Musik. Der Vorhang fällt.

Nach unseren vorangeschickten Erklärungen müssen wir jetzt gestehen, daß der Verfasser in der Behandlung seines Stoffs nur sehr
unbedeutendes dramatisches Verdienst gezeigt hat. Die meisten
seiner Personen sprechen im selben Tone, fast wie in einem Mario-
nettentheater, wo ein einzelner den verschiedenen Puppen seine
Stimme leiht. Fast alle führen dieselbe lyrische Sprache. Da nun der
Verfasser ein Lyriker ist, so können wir behaupten, daß es ihm nicht
gelungen ist, aus seiner Subjektivität gänzlich herauszutreten. Nur
hie und da, besonders wenn der Herzog spricht, bemerkt man ein
Bestreben darnach. Das ist ein Fehler, dem fast kein lyrischer Dichter in seinen dramatischen Erstlingen entging. Hingegen das lebendige Ineinandergreifen des Dialogs ist dem Verfasser recht oft gelungen. Nur hie und da treffen wir Stellen, wo alles festgefroren
scheint, und wo oft Frage und Antwort an den Haaren herbeigeris-
sen sind. Die erste Expositionszene ist ganz nach der leidigen fran-
zösischen Art, nämlich Unterredung der Vertrauten. Wie anders ist
das bei unserm großen Muster, bei Shakespeare, wo die Exposition
schon eine hinreichend motivierte Handlung ist. Ein beständiges
Fortschreiten der Handlung fehlt ganz. Nur bis zu gewissen Punk-
ten sieht man ein solches Fortschreiten. Dergleichen Punkte sind

das Ende des ersten und des vierten Akts; jedesmal nimmt alsdann der Verfasser gleichsam einen neuen Anlauf.

Wir gehen über zur Untersuchung des poetischen Wertes des »Tasso«.

Es wird manchen wunder nehmen, daß wir unter dieser Rubrik den theatralischen Effekt erwähnen. In unserer letzten Zeit, wo meistens junge Dichter auf Kosten des Dramatischen nach dem theatralischen Effekt streben, ist beider Unterschied genugsam zur Sprache gekommen und erörtert worden. Dies sündhafte Streben lag in der Natur der Sache. Der Dichter will Eindruck auf sein Publikum machen, und dieser Eindruck wird leichter durch das Theatralische als durch das Dramatische eines Stückes hervorgebracht. Goethe's Tasso geht still und klanglos über die Bühne; und oft das jämmerlichste Machwerk, worin Dialog und Handlung hölzern, und zwar vom schlechtesten Holze sind, worin aber recht viele theatralische Knallerbsen zur rechten Zeit losplatzen, wird von der Galerie applaudiert, vom Parterre bewundert und von den Logen huldreichst aufgenommen. – Wir können nicht laut genug und nicht oft genug den jungen Dichtern ins Ohr sagen, daß, je mehr in einem Drama das Streben nach solchem Knalleffekt sichtbar wird, desto miserabler ist es. Doch bekennen wir: wo natürlich und notwendig der theatralische Effekt angebracht ist, da gehört er zu den poetischen Schönheiten eines Dramas. Dies ist der Fall in vorliegender Tragödie. Nur sparsam sind theatralische Effekte darin eingewebt, doch wo sie sind, besonders am Ende des Stücks, sind sie von höchst poetischer Wirkung.

Noch mehr wird es befremden, daß wir die Beobachtung der drei dramatischen Einheiten zu den poetischen Schönheiten eines Stücks rechnen. Einheit der Handlung nennen wir zwar durchaus notwendig zum Wesen der Tragödie. Doch, wie wir unten sehen werden, gibt es eine dramatische Gattung, wo Mangel an Einheit der Handlung entschuldigt werden kann. Was aber die Einheit des Ortes und der Zeit betrifft, so werden wir zwar die Beobachtung dieser beiden Einheiten dringend empfehlen, jedoch nicht, als ob sie zum Wesen eines Drama's durchaus notwendig wären, sondern weil sie letztterm einen herrlichen Schmuck verleihen und gleichsam das Siegel der höchsten Vollendung auf die Stirne drücken. Wo aber dieser

Schmuck auf Kosten größerer poetischer Schönheiten erkauft werden soll, da möchten wir ihn weit lieber entbehren. Nichts ist daher lächerlicher als einseitige strenge Beobachtung dieser zwei Einheiten und einseitiges strenges Verwerfen derselben. – Unser Herr Verfasser hat keine einzige von allen drei Einheiten beobachtet. – Nach obiger Ansicht können wir ihn nur wegen Mangel an Einheit der Handlung zur Verantwortung ziehen. Doch auch hier glauben wir eine Entschuldigung für ihn zu finden.

Wir teilen die Tragödien ein in solche, wo der Hauptzweck des Dichters ist, daß eine merkwürdige Begebenheit sich vor unsern Augen entfalte; in solche, wo er das Spiel bestimmter Leidenschaften uns durchschauen lassen will, und in solche, wo er strebt, gewisse Charaktere uns lebendig zu schildern. Es war ihnen meistens darum zu tun, Handlungen und Leidenschaften zu entwickeln. Der Charakterzeichnungen konnten sie füglich entbehren, da ihre Helden meistens bekannte Heroen, Götter und dergleichen stehende Charaktere waren. Dies ging hervor aus der Entstehung ihres Theaters. Priester und Epiker hatten lange schon voraus die Konturen der Heldencharaktere dem Dramatiker vorgezeichnet. Anders ist es bei unserem modernen Theater. Charakterschilderung ist da eine Hauptsache. Ob nicht auch die Ursache davon in der Entstehungsart unseres Theaters liegt, wenn wir annehmen, daß dasselbe hauptsächlich entstanden ist durch Fastnachtspossen? Es war da der Hauptzweck, bestimmte Charaktere lebendig, oft grell hervortreten zu lassen, nicht eine Handlung, noch viel weniger eine Leidenschaft zu entwickeln. Beim großen William Shakespeare finden wir zuerst obige drei Zwecke vereinigt. Er kann daher als Gründer des modernen Theaters angesehen werden, und bleibt unser großes, freilich unerreichbares Muster. Johann Gotthold Ephraim Lessing, der Mann mit dem klarsten Kopfe und mit dem schönsten Herzen, war in Deutschland der erste, welcher die Schilderungen von Handlungen, Leidenschaften und Charakteren am schönsten und am gleichmäßigsten in seinen Dramen verwebte, und zu einem Ganzen zusammenschmelzte. So blieb es bis auf die neueste Zeit, wo mehrere Dichter anfingen, jene drei Gegenstände der dramatischen Schilderung nicht mehr zusammen, sondern einzeln zum Hauptzweck ihrer Tragödien zu machen. Goethe war der erste, der das Signal zu bloßen Charakterschilderungen gab. Er gab sogar auch das Signal zu Charakterschilderung einer bestimmten Klasse Menschen, nämlich der Künstler. Auf seinem Tasso folgte Oehlenschläger's »Corregio«, und diesem wieder eine Anzahl ähnlicher Tragödien. Auch der »Tasso« unseres Verfassers gehört zu dieser Gattung. Wir können daher bei dieser Tragödie Mangel an Einheit der Handlung füglich entschuldigen, und wollen sehen, ob die Charakter- und nebenbei die Leidenschafts-Schilderungen treu und wahr sind.

Den Charakter des Haupthelden finden wir trefflich und treu gehalten. Hier scheint dem Verfasser ein glücklicher Umstand zustatten gekommen zu sein. Nämlich, Tasso ist ein Dichter, oft ein lyrischer und immer ein religiös schwärmerischer Dichter. Hier konnte unser Verfasser, der alles dieses ebenfalls ist, mit seiner ganzen Individualität hervortreten, und dem Charakter seines Helden eine überraschende Wahrheit geben. Dieses ist das Schönste, das Beste in der ganzen Tragödie. Etwas minder treffend gezeichnet ist der Charakter der Prinzessin; er ist zu weich, zu wächsern, zu zerfließend, es fehlt ihm an Gehalt. Die Gräfin Sanvitale ist vom Verfasser gleichgültig behandelt; nur ganz schwach läßt er ihr Wohlwollen für Tasso hervorschimmern. Der Herzog ist in mehreren Szenen sehr wahr gezeichnet, doch widerspricht er sich oft. Z.B. am Ende des zweiten Akts läßt er Tasso einsperren, damit er seinen Namen nicht mehr verlästre, und in der ersten Szene des dritten Akts sagt er, es sei geschehen aus Besorgnis, daß nicht aus Tasso's Liebeshandel mit seiner Schwester Schlimmes entstehe. Graf Tirabo ist nicht allein ein jämmerlicher Mensch, sondern auch, was der Verfasser nicht wollte, ein inkonsequenter Mensch. Leonore von Gisello ist ein hübsches Vesperglöckchen, das in diesem Gewirre heimlich und lieblich klinget und leiser und immer leiser verhallet.

Schön und herrlich ist die Diktion des Verfassers. Wie trefflich, ergreifend und hinreißend ist z.B. das Nachtgespräch zwischen der Prinzessin und Tasso. Diese wehmütig weichen, schmelzend süßen Klänge ziehen uns unwiderstehlich hinab in die Traumwelt der Poesie, das Herz blutet uns aus tief geheimen Wunden – aber dieses Verbluten ist eine unendliche Wollust, und aus den roten Tropfen sprossen leuchtende Rosen.

Tasso

Mit tausend Augen schaut auf mich die Nacht,
Und mich erfassen Zweifel: will sie leuchten,
Vielleicht auch lauschen? Hat mit solcher Pracht
Sie sich geschmückt, und fällt des Taues Feuchten,
Daß sich dem Schlafe meine Glieder senken?

Prinzessin

Hört' ich nicht Töne, die hinab sich neigten,
Als wollten sie zu meinem Herzen lenken?

Hofdame

Fürwahr, Prinzessin, bleich verworrener Miene,
Als wollt mit Schierlingstau die Nacht ihn tränken
Täuscht mich's, wenn so nicht Tasso dort erschiene.

Tasso

Welch Bild erglänzet auf der Brücke Bogen?
Mit Majestät, als ob's der Hohen diene,
Kommt nebenher ein anderes gezogen.
Schneeweiß umfließt, wie Silbernebels Schleier,
Ein Strahlenkleid die Glieder, hell umflogen
Das Haupt vom Sternenchor, wie Demantfeuer.

Prinzessin

Doch Tränentau sinkt von dem Mond hernieder,
Und trübet meiner Sterne helle Feier.

Tasso

Dem Tau entblühen neue Blumen wieder,
Und neue Kränze wird die Nacht uns winden.

Ebenfalls wunderschön sind die Verse S. 77 sowie auch die Stanzen S. 82, wo Tasso zur Gisella, die ihn als Pilger besucht, sagt:

Wie sich die Blume wendet zu der Sonne,
Und wie der Tau sich wiegt im Morgenschein,
Wie Engel flehn zur himmlischen Madonne,
Und Schar an Schar sich um die Hohe reihn:
So still und feierlich, voll sel'ger Wonne,
Schließt mich das Zauberland der Liebe ein;
Klar seh' ich die Verklärte vor mir schweben,
Frei und in Banden ihr allein zu leben. – –

Ob aber überhaupt der Reim in der Tragödie zweckmäßig ist?
Wir sind ganz dagegen, würden ihn nur bei rein lyrischen Ergüssen
tolerieren, und wollen ihn in vorliegender Tragödie nur da entschuldigen, wo Tasso selbst spricht. Im Munde des Dichters, der so
viel in seinem Leben gereimt hat, klingt der Reim wenigstens nicht
ganz unnatürlich. Dem schlechten Poeten wird der Reim in der
Tragödie immer eine hilfreiche Krücke sein, dem guten Dichter
wird er zur lästigen Fessel. Auf keinen Fall findet derselbe Ersatz
dafür, daß er sich in diese Fessel schmiegt. Denn unsre Schauspie-
ler, besonders Schauspielerinnen, haben noch immer den leidigen
Grundsatz, daß die Reime für das Auge seien, und daß man sich ja
hüten müsse, sie hörbar klingen zu lassen. Wofür hat sich nun der
arme Dichter abgeplagt? – So wohlklingend auch die Verse unseres
Verfassers sind, so fehlt es denselben doch an Rhythmus. Es fehlt
ihm die Kunst des Enjambements, die beim fünffüßigem Jambus
von so unendlicher Wirkung ist, und wodurch so viele metrische
Mannigfaltigkeit hervorgebracht wird. Manchmal hat sich der Verfasser einen Sechsfüßer entschlüpfen lassen. Schon S. 1.

Die deine Schönheit rühmen nach verliebter Art.

Ob vorsätzlich? – Unbegreiflich ist uns, wie sich der Verfasser die
Skansion »Virgil« S. 7 und 22 erlauben konnte. Sie wie auch S. 4
»Und vielleicht darum, weil sie's nöt'ger haben.« – S. 14.

Der Daktylus »Hörenden« am Ende des Verses füllt das Ohr
nicht. Obschon unsere besten alten Dichter sich solche Fehler zu-
schulden kommen lassen, sollten doch die Jüngern sie zu vermeiden
suchen.

Wir gehen jetzt über zur Frage: welchen Wert hat vorliegende Tragödie in ethischer Hinsicht?

Ethisch? Ethisch? hören wir fragen. Um Gottes Willen, gelehrte Herren, halten Sie sich nicht an der Schulddefinition. Ethisch soll hier nur ein Rubrikname sein, und wir wollen entwickelnd erklären, was wir unter dieser Rubrik befaßt haben wollen. Hören Sie, ist es Ihnen noch nie begegnet, daß Sie innerlich mißvergnügt, verstimmt und ärgerlich des Abends aus dem Theater kamen, obschon das Stück, das Sie eben sahen, recht dramatisch, theatralisch, kurz voller Poesie war? Was nur nun der Fehler? Antwort: Das Stück hatte keine Einheit des Gefühls hervorgebracht. Das ist es. Warum mußte der Tugendhafte untergehen durch List der Schelme? Warum mußte die gute Absicht verderblich wirken? Warum mußte die Unschuld leiden? Das sind die Fragen, die uns marternd die Brust beklemmen, wenn wir nach der Vorstellung von manchem Stücke aus dem Theater kommen. Die Griechen fühlten wohl die Notwendigkeit, dieses qualvolle Warum in der Tragödie zu erdrücken, und sie ersannen das *Fatum*. Wo nun aus der beklommenen Brust ein schweres Warum hervorstieg, kam gleich der ernste Chorus, zeigte mit dem Finger nach oben, nach einer höheren Weltordnung, nach einem Urratschluß der Notwendigkeit, dem sich sogar die Götter beugen. So war die geistige Ergänzungssucht des Menschen befriedigt, und es gab jetzt noch eine unsichtbare Einheit: – Einheit des Gefühls. Viele Dichter unserer Zeit haben dasselbe gefühlt, das Fatum nachgebildet, und so entstanden unsere heutigen *Schicksalstragödien*. Ob diese Nachbildung glücklich war, ob sie überhaupt Ähnlichkeit mit dem griechischen Urbild hatte, lassen wir dahingestellt. Genug, so löblich auch das Streben nach Hervorbringung der Gefühlseinheit war, so war doch jene Schicksalsidee eine sehr traurige Aushilfe, ein unerquickliches, schädliches Surrogat. Ganz widersprechend ist jene Schicksalsidee mit dem Geist und der Moral unserer Zeit, welche beide durch das Christentum ausgebildet worden. Dieses grause, blinde, unerbittliche Schicksalswalten verträgt sich nicht mit der Idee eines himmlischen Vaters, der voller Milde und Liebe ist, der die Unschuld sorgsam schützet, und ohne dessen Willen kein Sperling vom Dache fällt. Schöner und wirksamer handelten jene neuere Dichter, die alle Begebenheiten aus ihren natürlichen Ursachen entwickeln, aus der moralischen Freiheit des Menschen selbst, aus seinen Neigungen und Leidenschaften, und die in ihren tragischen Darstellungen, sobald jenes furchtbare letzte Warum auf den Lippen schwebt, mit leiser Hand den dunkeln Himmelsvorhang lüften, und uns hineinlauschen lassen in das Reich des Überirdischen, wo wir im Anschaun so vieler leuchtenden Herrlichkeit und dämmernden Seligkeit mitten unter Qualen aufjauchzen, diese Qualen vergessen oder in Freuden verwandelt fühlen. Das ist die Ursache, warum oft die traurigsten Dramen dem gefühlvollsten Herzen einen unendlichen Genuß verschaffen. – Nach letzterer löblicher Art hat sich auch unser Verfasser bestrebt, die Gefühleinheit hervorzubringen. Er hat ebenfalls die Begebenheiten aus ihren natürlichen Gründen entwickelt. In den Worten der Prinzessin:

> Ihr Dichter wollt euch nicht zu Menschen schicken,
> Verstehet anders, was die andern sagen,
> Und was ihr selbst sagt, habt ihr nicht bedacht;
> Das ist der schwarze Faden, den ihr selbst
> Euch in das heitre Dichterleben spinnet –

In diesen Worten erkennen wir das Fatum, das den unglücklichen Tasso verfolgte. Auch unser Verfasser wußte mit vieler Geschicklichkeit den Himmelsvorhang vor unseren Augen leise aufzuheben und uns zu zeigen, wie Tasso's Seele schon schwelget im Reiche der Liebe. Alle unsere Qualen des Mitleids lösen sich auf in stille Seelenfreude, wenn wir im fünften Akt den bleichen Tasso langsam hereintreten sehen mit den Worten:

> Vom heil'gen Öle triefen meine Glieder,
> Und meine Lippen, die manch eitles Lied
> Von schnöden Wesen dieser Welt gesungen,
> Unwürdig haben sie berührt den Leib des Herrn. –

Freilich, wir müssen hier von einem historischen Standpunkt die Gefühle betrachten, die in unserem religiösen Schwärmer aufgeregt werden durch jene heiligen Gebräuche der römisch-katholischen Kirche, welche von Männern ersonnen worden sind, die das menschliche Herz, seine Wunden und den heilsamen beseligenden Eindruck passender Symbole genau kannten. Wir sehn hier unsern

Tasso schon in den Vorhallen des Himmels. Seine geliebte Eleonore mußte ihm schon vorangegangen sein, und heilige Ahnung mußte ihm die Zusicherung gegeben haben, daß er sie bereits findet. Dieser Blick hinter die Himmelsdecke versüßt uns den unendlichen Schmerz, wenn wir das Kapitol schon in der Ferne erblicken, und der Langgeprüfte in dem Augenblick, als er den höchsten Preis erhalten soll, tot niedersinkt bei der Bildsäule seines großen Nebenbuhlers. Der Priester greift den Schlußakkord, indem er den Lorbeerkranz Eleonorens der Leiche aufs Haupt setzt. – Wer fühlt hier nicht die tiefe Bedeutung dieses Lorbeers, der Torquato's Leid und Freud' ist, in Leid und Freud' ihn nicht verläßt, oft wie glühende Kohlen seine Stirn versengt, oft die arme brennende Stirn wie Balsam kühlet, und endlich, ein mühsam errungenes Siegeszeichen, sein Haupt auf ewig verherrlicht.

Sollte nicht vielleicht unser Verfasser eben wegen jener Gefühlseinheit die Einheit der Handlung verworfen haben? Sollte ihm nicht etwas Ähnliches vorgeschwebt haben, was bei den Alten die Trilogien hervorbrachte? Fast möchten wir dieses glauben, und wir können nicht umhin, den Verfasser zu bitten, die fünf Akte seiner Tragödie in drei zusammenzuschmelzen, deren jeder einzelne alsdann das Glied einer Trilogie sein würde. Der erste und zweite Akt wäre zusammengeschmolzen, und hieße: »Tasso's Hofleben«; der dritte und vierte Akt wäre ebenfalls vereinigt und hieße: »Tasso's Gefangenschaft«; und der fünfte Akt, womit sich die Trilogie schlösse, hieße: »Tasso's Tod.«

Wir haben oben gezeigt, daß Einheit des Gefühls zum Ethischen einer Tragödie gehört, und daß unser Verfasser dieselbe vollkommen und musterhaft beobachtet hat. Er hat aber auch noch einer zweiten ethischen Anforderung Genüge geleistet. Nämlich, seine Tragödie trägt den Charakter der Milde und Versöhnung.

Unter dieser Versöhnung verstehen wir nicht allein die Aristotelische Leidenschaftsreinigung, sondern auch die weise Beobachtung der Grenzen des Reinmenschlichen. Keiner kann furchtbarere Leidenschaften und Handlungen auf die Bühne bringen als Shakespeare, und doch geschieht es nie, daß unser Inneres, unser Gemüt durch ihn gänzlich empört würde. Wie ganz anders ist das bei vielen unseren neuern Tragödien, bei deren Darstellung uns die Brust gleichsam in spanische Schnürstiefeln eingeklemmt wird, der Atem uns in der Kehle stocken bleibt, und gleichsam ein unerträglicher Katzenjammer der Gefühle unser ganzes Wesen ergreift. Das eigene Gemüt soll dem Dichter ein sicherer Maßstab sein, wie weit er den Schrecken und das Entsetzliche auf die Bühne bringen kann. Nicht der kalte Verstand soll emsig alles Gräßliche ergrübeln, mosaikähnlich zusammenwürfeln und in der Tragödie aufstapeln. Zwar wissen wir recht wohl, alle Schrecken Melpomenens sind erschöpft. Pandora's Büchse ist leer, und der Boden derselben, wo noch ein Übel kleben konnte, von den Poeten kahl abgeschabt, und der gefallsüchtige Dichter muß im Schweiße seines Angesichts neue Schreckensfiguren und neue Übel herausbrüten. So ist es dahin gekommen, daß unser heutiges Theaterpublikum schon ziemlich vertraut ist mit Brudermord, Vatermord, Inzest usw. Daß am Ende der Held bei ziemlich gesundem Verstande einen Selbstmord begeht, *cela se fait sans dire.* Das ist ein Kreuz, das ist ein Jammer. In der Tat, wenn das so fortgeht, werden die Poeten des zwanzigsten Jahrhunderts ihre dramatischen Stoffe aus der japanischen Geschichte nehmen müssen, und alle dortigen Exekutionsarten und Selbstmorde: Spießen; Pfählen, Bauchaufschlitzen usw. zur allgemeinen Erbauung auf die Bühne bringen. Wirklich, es ist empörend, wenn man sieht, wie in unseren neuern Tragödien statt des wahrhaft Tragischen, ein Abschlachten, ein Niedermetzeln, ein Zerreißen der Gefühle aufgekommen ist, wie zitternd und zähneklappernd das Publikum auf seinem Armensünderbänkchen sitzt, wie es moralisch gerädert wird, und zwar von unten herauf. Haben denn unsere Dichter ganz und gar vergessen, welchen ungeheuren Einfluß das Theater auf die Volkssitten ausübt? Haben sie vergessen, daß sie diese Sitten milder, und nicht wilder machen sollen? Haben sie vergessen, daß das Drama mit der Poesie überhaupt denselben Zweck hat, und die Leidenschaften versöhnen, nicht aufwiegeln, menschlicher machen und nicht entmenschlichen soll? Haben unsere Poeten ganz und gar vergessen, daß die Poesie in sich selbst genug Hilfsmittel hat, um auch das allerabgestumpfteste Publikum zu erregen und zu befriedigen, ohne Vatermord und ohne Inzest?

Es ist doch jammerschade, daß unser großes Publikum so wenig versteht von der Poesie, fast ebenso wenig wie unsere Poeten.

Struensee

Trauerspiel in fünf Aufzügen

von Michael Beer (Geschrieben zu München, anfangs April 1828.)

Den 27. März wurde im hiesigen Nationaltheater aufgeführt: »Struensee«, Trauerspiel in fünf Aufzügen, von Michael Beer. Sollen wir über dieses Stück ein beurteilendes Wort aussprechen, so muß es uns erlaubt sein, zuvor auf Beer's frühere dramatische Erzeugnisse kurzen Rückblick zu werfen. Nur hierdurch, indem wir den im Zusammenhang mit sich selbst betrachten, und dann die Stelle, die er in der dramatischen Literatur einnimmt, besonders bezeichnen, gewinnen wir einen festen Maßstab, womit Lob und Tadel zu ermessen ist und seine relative Bedeutung erhält.

Jugendlich unreif wie das Alter ihres Verfassers, war »Klytämnestra«; ihre Bewunderer gehörten zu jenen Auserlesenen, die Grillparzer's »Sappho« als das höchste Muster dieser griechischen Gattung anstaunen, ihre Tadler gehörten teils zu solchen, die nur tadeln wollten, teils zu solchen, die wirklich recht hatten. Es ist nicht zu leugnen, in den Gestalten dieser Tragödie war nur ein äußeres Scheinleben, und ihre Reden waren ebenfalls nichts als eitel Schein. Da war kein echtes Gefühl, sondern nur ein herkömmlich theatralisches Aufblähen, kein begeistertes Wort, sondern nur stelzenhafte Komödiantenhofsprache, und bis auf einige echte Veilchen war alles nur ausgeschnitzeltes Papierblumenwerk. Das einzige, was sich nicht verkennen ließ, war ein dramatisches Talent, das sich unabweisbar kund gab, trotz aller angelernten Unnatur und bedauernswürdigen Mißleitung.

Daß der Verfasser dergleichen selbst ahnte, bewies sein zweites Trauerspiel: »Die Bräute von Arragonien«. Hie und da glänzt darin schon eine echte Flamme, echte Leidenschaft bricht hie und da hervor, etwas Poesie ließ sich nicht abweisen, aber, obgleich schon die papiernen Putzmacherblumen befestigt sind und echte, organische Blumen zum Vorschein kommen, so verraten diese doch immer noch ihren Boden, nämlich das Theater, man sieht es ihnen an, daß sie an keinem freien Sonnenlichte, sondern an fahlen Orchesterlampen gereift sind, und Farbe und Duft sind zweifelhaft. Dramatisches Talent läßt sich aber hier noch viel weniger verkennen.

Wie erfreulich war daher das weitere Fortschreiten des Verfassers! War es das Begreifen des eignen Irrtums, oder war es unbewußter Naturtrieb, oder war es gar eine äußere, überwältigende Macht, was den Verfasser plötzlich in die bravste und richtigste Bahn versetzte? Sein »Paria« erschien. Dieser Gestalt hatte kein Theatersouffleur seinen kümmerlichen Atem eingehaucht. Die Glut dieser Seele war kein gewöhnliches Kolophoniumfeuer, und keine auswendig gelernte Schmerzen zuckten durch diese Glut. Da gab es Stichworte, die jedes Herz trafen, Flammen, die jedes Herz entzündeten.

Herr Beer wird lächeln, wenn er liest, daß wir der Wahl des Stoffes dieser Tragödie die außerordentliche Aufnahme, die sie beim Publikum gefunden, zuschreiben möchten. Wir wollen ihm gerne zugestehen, daß er in diesem Stücke wahre, unbezweifelbare Poesie hervortreten ließ, ja daß wir eben durch dieses Erzeugnis bestimmt wurden, ihm die echte Dichterwürde zuzusprechen und ihn nicht mehr zu jenen homöopathischen Dichtern zu zählen, die nur ein Zehntausendteil Poesie in ihre Wassertragödien schütten, aber wir müssen doch den Stoff des »Paria« als die Hauptursache seines Gelingens bezeichnen. Ist es doch nie die Poesie an und für sich, was den Produkten eines Dichters Zelebrität verschafft. Betrachten wir nur den Goethe'schen »Werther«. Sein erstes Publikum fühlte nimmermehr seine eigentliche Bedeutung, und es war nur das Erschütternde, das Interessante des Faktums, was die große Menge anzog und abstieß. Man las das Buch wegen des Totschießens, und Nicolaiten schrieben dagegen wegen des Totschießens. Es liegt aber noch ein Element im »Werther«, welches nur die kleinere Menge angezogen hat, ich meine nämlich die Erzählung, wie der junge Werther aus der hochadligen Gesellschaft höflichst hinausgewiesen wird. Wäre der »Werther« in unseren Tagen erschienen, so hätte diese Partie des Buches weit bedeutsamer die Gemüter aufgeregt als der ganze Pistolenknalleffekt.

Mit der Ausbildung der Gesellschaftlichkeit, der neueuropäischen Sozietät, erblühte in Unzähligen ein edler Unmut über die Ungleichheit der Stände, mit Unwillen betrachtete man jede Bevorrechtung, wodurch ganze Menschenklassen gekränkt werden. Abscheu erregten jene Vorurteile, die, gleich zurückgebliebenen häßlichen Götzenbildern aus den Zeiten der Roheit und Unwissenheit, noch immer ihre Menschenopfer verlangen, und denen noch immer viele schöne und gute Menschen hingeschlachtet werden. Die Idee der Menschengleichheit durchschwärmt unsere Zeit, und die Dichter, die als Hohepriester dieser göttlichen Sonne huldigen, können sicher sein, daß Tausende mit ihnen niederknien, und Tausende mit ihnen weinen und jauchzen.

Daher wird rauschender Beifall allen solchen Werken gezollt, worin jene Idee hervortritt. Nach Goethe's »Werther« war Ludwig Robert der erste, der jene Idee auf die Bühne brachte, und uns in der »Nacht der Verhältnisse« ein wahrhaft bürgerliches Trauerspiel zum besten gab, als er mit kundiger Hand die prosaischen, kalten Umschläge von der brennenden Herzwunde der modernen Menschheit plötzlich abriß. Mit gleichem Erfolge haben spätere Autoren dasselbe Thema, wir möchten fast sagen dieselbe Wunde, behandelt. Dieselbe Macht der Verhältnisse erschüttert uns in »Urika« und »Eduard«, der »Herzogin von Duras«, und in »Isidor und Olga« von Raupach. Frankreich und Deutschland fanden sogar dasselbe Gewand für denselben Schmerz, und Delavigne und Beer gaben uns beide einen »Paria«.

Wir wollen nicht untersuchen, welcher von den beiden Dichtern den besten Lorbeer verdiente; genug, wir wissen, daß beider Lorbeer von den edelsten Tränen benetzt worden. Nur sei es uns erlaubt, anzudeuten, daß die Sprache im Beer'schen »Paria«, obgleich getränkt in Poesie, doch immer noch etwas Theatermäßiges an sich trägt und hie und da merken läßt, daß der »Paria« mehr unter Berlinischen Kulissenbäumen als unter irdischen Banianen aufgewachsen, und in direkter Linie mit der guten »Klytämnestra« und den bessern »Bräuten von Arragonien« verwandt ist.

Wir haben diese Ansichten über M. Beer's frühere Dichtungen voranschicken müssen, um uns desto kürzer und faßlicher über sein neuestes Trauerspiel, »Struensee«, aussprechen zu können.

Zuvörderst bekennen wir, daß der Tadel, womit wir noch eben den »Paria« nicht verschonen konnten, nimmermehr den »Struensee« treffen wird, dessen Sprache rein und klar dahin fließt und als ein Muster guter Diktion gelten kann. Hier müssen wir die Segel des Lebens mit vollem Atem anschwellen, hier erscheint uns Michael Beer am meisten hervorragend aus dem Trosse unserer sogenannten Theaterdichter, jener Schwulstlinge, deren bildreiche Jamben sich wie Blumenkränze oder wie Bandwürmer um dumme Gedanken herumringeln. Es war uns unendlich erquickend, in jener dürren Sandwüste, die wir deutsches Theater nennen, wieder einen reinen, frischen Labequell hervorspringen zu sehen.

Was den Stoff betrifft, so ist Herr Beer wieder von einem glücklichen Sterne, fast möchten wir sagen, glücklichen Instinkte, geleitet worden. Die Geschichte Struensee's ist ein zu modern des Ereignis, als daß wir sie herzuerzählen und in gewohnter Weise die Fabel des Stückes zu entwickeln brauchten. Wie man leicht erraten mag, der Stoff desselben besteht einesteils in dem Kampfe eines bürgerlichen Ministers mit einer hochmütigen Aristokratie, andernteils in Struensee's Liebe zur Königin Karoline Mathilde von Dänemark.

Über dieses zweite Hauptthema der Beer'schen Tragödie wollen wir keine weitläufigen Betrachtungen anstellen, obgleich dasselbe dem Dichter so wichtig dünkte, daß er im vierten und fünften Akte fast das erste Hauptthema darüber vergaß, und vielleicht dieses zweite Hauptthema auch andern Leuten so wichtig erscheinen mag, daß deshalb der Darstellung dieses Trauerspiels an manchen Orten die allerhöchsten Schwierigkeiten entgegengesetzt werden dürften. Ob es überhaupt einer liberalen Regierung nicht unwürdig ist, den dramatischen Darstellungen beurkundeter Wahrheiten sich entgegen zu setzen, ist eine Frage, die wir seiner Zeit erörtern wollen. Unser Volksschauspiel, über dessen Verfall so trübselig geklagt wird, müßte ganz untergehen ohne jene Bühnenfreiheit, die noch älter ist als die Preßfreiheit, und die immer in vollem Maße vorhanden war, wo die dramatische Kunst geblüht hat, z.B. in Athen zur Zeit des Aristophanes, in England während der Regierung der Königin Elisabeth, die es erlaubt hatte, sogar die Greuelgeschichten ihrer eigenen Familie, selbst die Schrecknisse ihrer eigenen Eltern auf der Bühne darzustellen. Hier in Bayern, wo wir ein freies Volk und, was noch seltener ist, einen freien König finden, treffen wir auch eine ebenso großartige Gesinnung und dürfen daher auch schöne Kunstfrüchte erwarten.

Wir kehren zurück zu dem ersten Hauptthema des »Struensee«, dem Kampfe der Bürgerlichen mit der Aristokratie. Daß dieses Thema mit dem des »Paria« verwandt ist, soll nicht geleugnet werden. Es mußte naturgemäß aus demselben hervorgehen, und wir rühmen um so mehr die innere Entwicklung des Dichters und sein feines Gefühl, das ihn immer auf das Prinzip der Hauptstreitfragen unserer Zeit hinleitet. Im »Paria« sahen wir den Unterdrückten zu Tode gestampft unter dem eisernen Fußtritte des übermütigen Unterdrückers, und die Stimme, die seelenzerreißend zu unseren Herzen drang, war der Notschrei der beleidigten Menschheit. Im »Struensee« hingegen sehen wir den ehemals Unterdrückten im Kampfe mit seinen Unterdrückern. Diese sind sogar im Erliegen, und was wir hören, ist würdiger Protest, womit die menschliche Gesellschaft ihre alten Rechte vindiziert und die bürgerliche Gleichstellung aller ihrer Mitglieder verlangt. In einem Gespräche mit Graf Ranzau, dem Repräsentanten der Aristokratie, spricht Struensee die kräftigsten Worte über jene Bevorrechteten, jene Karyatiden des Thrones, die wie dessen notwendige Stützen aussehen möchten, und treffend schildert er jene noble Zeit, wo er noch nicht das Staatsruder ergriffen hatte:

> – – – Es teilten
> Die höchsten Stellen Übermut und Dünkel.
> Käuflicher Diener ließ man alle Mühen
> Der niedern Ämter. Schimpflich nährte damals
> Das Mark des Landes manch bebrämten Kuppler,
> Dem man des Vorgemachs geheime Sorgen
> Und schändliche Verschwiegenheit vergalt;
> Voreilig flog der Edlen junge Schar
> Der Ehrenstellen vielgestufte Leiter
> Mit raschen Sätzen an, und flücht'gen Fußes
> Die niedern Sprossen überspringend, drängten
> Sie keck sich zu des Staates schmalem Gipfel,
> Der Raum nur hat für wenige Geprüfte.
> So sah das Land mit wachsendem Entsetzen
> Von edlen Knaben seine besten Männer
> Zurückgedrängt in Nacht und in Verachtung.

Ranzau (lächelnd)

Wohl möglich, daß die Brut des Adlers sich
Mit kühnern Schwingen auf zum Lichte wagt
Als der gemeinen Spatzen niedrer Flug.

Struensee

Ich aber habe mich erkühnt, Herr Graf,
Die Flügel dieser Adlerbrut zu stutzen,
Mit kräftigem Gesetz unbärt'ger Kühnheit
Gewehrt, daß uns kein neuer Phaeton
Das Flammenroß der Staatenherrschaft lenke. –

Wie sich von selbst versteht, hat es einer Tragödie, deren Held
solche Verse deklamiert, nicht an gehöriger Mißdeutung gefehlt;
man war nicht damit zufrieden, daß der Sünder, der sich solchermaßen zu äußern gewagt, am Ende geköpft wird, sondern man hat
den Unmut sogar durch Kunsturteile kundgegeben, man hat ästhetische Grundsätze aufgestellt, wonach man die Fehler des Stücks
haarklein demonstriert. Man will unter anderm dem Dichter vor-
werfen, in seinen Tragödien seien keine tiefen und prächtigen Reflexionen, und er gebe nichts als Handlung und Gestalten. Diese
Kritiker kennen gewiß nicht die obenerwähnte »Klytämnestra« und
»Die Bräute von Arragonien«, die es wahrlich nicht an Reflexionen
fehlen ließen. Ein anderer Vorwurf war die Wahl des Stoffes, der,
wie man sagte, noch nicht ganz der Geschichte anheimgefallen sei,
und dessen Behandlung es nötig mache, noch lebende Personen auf
die Bühne zu bringen. Dann auch fand man es unstatthaft, dabei
noch gar die Interessen der heutigsten Parteien auszusprechen, die
Leidenschaften des Tages aufzuwiegeln, uns im Rahmen der Tragödie die Gegenwart darzustellen, und zwar zu einer Zeit, wo diese
Gegenwart am gefährlichsten und wildesten bewegt ist. Wir aber
sind anderer Meinung. Die Greuelgeschichten der Höfe können
nicht schnell genug auf die Bühne gebracht werden, und hier soll
man, wie einst in Ägypten, ein Totengericht halten über die Könige
und Großen der Erde. Was gar jene Nützlichkeitstheorie betrifft,
wonach man die Aufführung einer Tragödie nach dem Schaden
oder Nutzen, den sie etwa stiften könnte, beurteilt, so sind wir gewiß sehr weit entfernt, uns dazu zu bekennen. Doch auch bei einer
solchen Theorie würde die Beer'sche Tragödie vielmehr Lob als

Tadel verdienen, und wenn sie das Bild jener Kastenbevorrechtung in all seiner grausamen Leibhaftigkeit uns vor Augen bringt, so ist das vielleicht heilsamer, als man glaubt.

Es geht eine Sage im Volke, der Basilisk sei das furchtbarste und festeste Tier, weder Feuer noch Schwert vermöchten es zu verwunden, und das einzige Mittel, es zu töten, bestände darin, daß jemand die Kühnheit habe, ihm einen Spiegel vorzuhalten; indem alsdann das Tier sich selbst erblickt, erschrickt es so sehr ob seiner eigenen Häßlichkeit, daß es zusammenstürzt und stirbt. Der »Struensee«, ebenso wie »Der Paria«, war ein solcher Spiegel, den der kühne Dichter dem schlimmsten Basilisken unserer Zeit entgegenhielt, und wir danken ihm für diesen Liebesdienst.

Die Kunstgesetze, die ästhetischen Plebiskita, die der große Haufe bei Gelegenheit der Beer'sehen Tragödie zutage förderte, wollen wir nicht beleuchten. Es sei genug, wenn wir sagen, daß Herr Beer vor diesem Richterstuhle gut bestanden hat. Wir wollen dieses nicht lobend gefragt haben, sondern es versteckt sich vielmehr in diese Worte der geheime Tadel, daß der Dichter durch Mittel, die vielleicht eben eines Dichters nicht ganz würdig waren, das große Publikum zu gewinnen wußte. Wir deuten hier auf das theatralische Reizmittel einer aufs höchste gespannten Erwartung, wodurch es möglich war, ein so gedrängt volles Haus, wie wir bei der Aufführung des »Struensee« sahen, fast fünftehalb Stunden, sage vier und eine halbe Stunde lang, ausdauern zu machen, so daß am Ende doch noch der ungeschwächte Enthusiasmus übrig bleiben und allgemeiner Beifall ausbrechen konnte, ja daß der größte Teil des Publikums noch Lust hatte, lange zu warten, ob nicht Herr Beer, den man stürmisch hervorrief, erscheinen würde.

Wir haben vielleicht jenen Kritikern Unrecht getan, die Herrn Beer einen Mangel an schönen Reflexionen vorwarfen; dergleichen war vielleicht nur ein ironischer Tadel, der hinter sich das feinste Lob verstecken wollte. War es indessen ernstlich gemeint (wir sind alle schwache Menschen), so bedauern wir, daß jene Kritiker vor lauter Bäumen den Wald nicht gesehn haben. Sie sahen, wie sie sagen, nichts als Handlung und Gestalten und merkten nicht, daß solche die allerschönsten Reflexionen repräsentierten, ja daß das Ganze nichts als eine einzige große Reflexion aussprach. Wir bewundern die dramatische Weisheit und die Bühnenkenntnis des Dichters, wodurch er so Großes bewirkt. Er hat nicht bloß jede Szene genau motiviert, vorbereitet und ausgeführt, sondern jede Szene ist auch an und für sich aus organischer Notwendigkeit und aus der Hauptidee des Stücks hervorgegangen; z.B. jene Volksszene, die den vierten Akt eröffnet und die einem kurzsichtigen Zuschauer als überflüssiges Füllwerk erscheinen möchte und manchem wirklich so erschienen ist, bedingt dermaßen die ganze Katastrophe, daß sie ohne dieselbe nur zur Hälfte motiviert wäre. Wir wollen gar nicht einmal in Betrachtung ziehen, daß das Gemüt des Zuschauers von den Schmerzen der drei ersten Akte so tief bewegt ist, daß es durchaus zu seiner Erholung einer komischen Szene bedurfte. Ihre eigentliche Bedeutung ist dennoch tragischer Natur, aus der lachenden Komödienmaske schauen Melpommene's geisterhafte, tiefleidende Augen, und eben durch diese Szene erkennen wir, wie »Struensee«, der schon allein durch seine majestätsverbrecherische Liebe untergehen konnte, noch obendrein dadurch seinem Untergange entgegeneilte, daß seine neuen Institutionen auch antinational waren, daß das Volk sie haßte, daß das Volk noch nicht reif war für die großen Ideen seines liberalen Herzens. Es sei uns erlaubt, einige Reden aus jener Volksszene anzuführen, wodurch uns Herr Beer gezeigt, daß er auch Talent für das Lustspiel hat. Die Bauern sitzen in der Schenke und politisieren.

Schulmeister

Meinetwegen, der Struensee ist's nicht wert, daß wir uns um ihn zanken. Der ist zu unserer aller Unglück ins Land gekommen. Er bringt überall Hader und Zwistigkeit. Mischt er sich nicht auch in die Angelegenheiten des edlen Lehrfachs? fordert er jetzt nicht von den wohlbestallten Schulmeistern, daß sie lehren sollen, was durchaus nicht für die Köpfe eurer lieben Jugend paßt? Wenn's geschieht, wie er's haben will, so werden eure Buben und Mädchen bald klüger sein als ihr. Aber dazu soll es nicht kommen, dafür will ich sorgen.

Hooge (ein Bauer)

Ja, er will überall Licht anzünden, wo man's auslöschen sollte; darf nicht jetzt jeder drucken lassen, was er will! Ihr dürft jetzt als ein ehrlicher Schulmeister nicht mehr einen Schluck über den Durst trinken, so kann morgen der Küster drucken lassen: »Gestern war der Schulmeister betrunken.«

Schulmeister

Das sollt' er sich unterstehen! Ich möchte doch sehen –

Hooge

Das würdet ihr sehen und könntet's nicht hindern, sie nennen's Preßfreiheit, aber wahrhaftig, wer nicht immer nach dem Schnürchen lebt, kann dabei gewaltig in die Presse kommen.

Babe (Chirurgus)

Lebt nach dem Schnürchen, so schadet's keinem was. Dürft ihr doch auf diese Weise eure Herzensmeinung dem andern sagen, und dürft euch, wenn's euch beliebt, gegen den Struensee und die Regierung aussprechen.

Hooge

Ei was, aussprechen! ich will mich nicht aussprechen, ich will das Maul halten, aber die andern sollen's auch. Jeder kümmre sich um die Töpfe auf seinem Herd.

Schulmeister

Führt nicht so freventliche Redensarten, Gevatter Babe! Wozu werden wir regiert, wenn wir uns gegen die Regierung aussprechen wollen? Eine gute Regierung soll alles regieren, Herz und Geldbeutel und Mund und Feder. In einem guten Staate ist ein Hauptgrundsatz, daß man, wie Hooge sich auf seine herzliche, einfache Weise ausdrückt, das Maul halte, denn wer redet und druckt, der muß auch zuweilen denken, und getreuen Untertanen ist nichts gefährlicher als die Gedanken.

Babe

Die Gedanken könnt' ihr aber nicht hindern.

Flyns (Bauern)

Nein, die kann keiner hindern, und ich denke mir vieles.

Schulmeister

Nun, laßt doch hören Flynschen, was denkt ihr denn?

(Zu Swenne leise.)

Das ist der größte Einfaltspinsel im Dorfe.

Flyns

Ich denke, das mir alles recht ist, wenn's nur nicht zur Ausführung des Planes kommt, den sich der Struensee, wie sie sagen, vorgenommen habe.

Babe

Das wäre?

Flyns

Daß er sich vorgenommen, uns Bauern in Dänemark und in den Herzogtümern zu freien Leuten zu machen. Ich will nicht frei und unabhängig sein. Was ist's denn Großes, daß ich für den Edelmann meinen Acker bestellen muß? dafür ernährt er mich und sorgt für mich, und eine Tracht Prügel nehme ich so mit. Wenn wir frei wären, müßten wir uns plagen und quälen, wären unsere eignen Herrn und müßten Abgaben geben.

Babe

Und für dein Eigentum, für die Freude, das, was du besitzest, dein nennen zu können, möchtest du nicht sorgen?

Flyns

Ei was! wenn ein anderer für mich sorgt, ist mir's bequemer.

Schulmeister

Das ist der erste vernünftige Gedanke, Flyns, auf dem ich dich ertappe. Mit der Freiheit käm' auch zugleich die Aufklärung, das moderne Gift – euer Tod.

Außer den trefflichen Andeutungen, daß die Preßfreiheit ebenso große Gegner hat unter den niedern wie unter den hohen Ständen, und daß die Abschaffung der Leibeigenschaft den Leibeigenen selbst am meisten verhaßt ist, außer dergleichen wahren Zügen, deren in jener Szene noch manche andere vorkommen, sehen wir deutlich, wie Struensee auf den hohen Isolierschemeln seiner Ideen tragisch allein stand, und im Kampfe des einzelnen mit der Masse rettungslos untergehen mußte. Der feine Sinn unseres Dichters hat indessen die Notwendigkeit gefühlt, den allzu großen Schmerz des Helden bei einem solchen Untergang einigermaßen zu mäßigen; er läßt ihm im Geist die Zeit voraussehen, wo die Wohltäter des Volkes mit dem Volke selbst einig sein werden; sterbend sieht er das Morgenrot dieser Zeit und spricht die schönen Worte:

»Der Tag geht auf! demütig leg' ich ihm
Mein Leben nieder vor dem ew'gen Thron.
Verborgner Wille tritt ans Licht und glänzt,
Und Taten werden bleich, wie ird'scher Kummer.
Doch ein beglückter Lohn steigt blühend auf;
Hier, wo ich wirkte, reift manch' edle Saat.
So hab' ich nicht umsonst gelebt, so hab' ich
Mit falschen Lehren nicht das Reich geblendet!
Es kommt der Tag, die Zeiten machen's wahr,
Was ich gewollt; die Tyrannei erkennt,
Daß sich das Ende ihrer Schrecken naht.
Ich seh' ein Blutgerüst sich nach dem andern
Erbaun, ein rasend Volk entfesselt sich,
Trifft seinen König in verruchter Wut,
Und dann sich selbst mit immer neuen Schlägen.
Geschäftig mäht das Beil die Leben nieder,
Wie ems'ge Schnitter ihre Ernte – plötzlich
Hemmt eine starke Hand die ehrne Wut.
Der Henker ruht, doch die gewalt'ge Hand
Kommt nicht zu segnen mit dem Zweig des Friedens.
Mit ihrem Schwert vergeudet sie die Völker,
Bis auch der Kampf erlischt, ein brausend Meer
Schlägt an ein einsam Grab, und alles ruht.
Und hellre Tage kommen, und die Völker
Und Könige schließen einen ew'gen Bund.
Notwendig ist die Zeit, sie muß erscheinen,
Sie ist gewiß, wie die allmächt'ge Weisheit.
Nur durch die Kön'ge sind die Völker mächtig,
Nur durch die Völker sind die Kön'ge groß.«

Nachdem wir uns über Grundidee, Diktion und Handlung der neuen Beer'schen Tragödie geäußert, bleibt uns noch übrig, die Gestalten, die wir darin handeln sehen, näher zu beleuchten. Doch die Ökonomie dieser Blätter gestattet uns kein so kritisches Geschäft und erlaubt uns kaum über die Hauptpersonen einige kurze Bemerkungen vorzubringen. Wir gebrauchen vorsätzlich das Wort »Gestalten«, statt Charaktere, mit dem ersten Ausdruck das Äußere, mit dem andern das Innerliche der Erscheinung bezeichnend. Struensee, möge uns der Dichter den harten Tadel verzeihen, ist keine Gestalt. Das Verschwimmende, Verseufzende, Überweiche, was wir an ihm erblicken, soll vielleicht sein Charakter sein, wir wollen es sogar als einen Charakter gelten lassen, aber es raubt ihm alle äußere Gestaltlichkeit. Dasselbe ist der Fall bei Graf Ranzau, der, mehr edel als adlig, ebenso wie Struensee vor lauter Sentimentalität, dem Erbgebrechen der Beer'schen Helden, auseinander fließt; nur wenn wir ihm ins Herz leuchten, sehen wir, daß er dennoch ein Charakter ist, wenn auch schwach gezeichnet, doch immer ein Charakter. Sein Haß gegen die Königin Juliane, womit er dennoch ein Bündnis gegen Struensee abschließt; und dergleichen Züge mehrere geben ihm Innerlichkeit, Individualität, kurz einen Charakter. Das Gesagte gilt einigermaßen auch vom Pfarrer Struensee; dieser den einer unserer Freunde, gewiß mit Unrecht, für ein Nachbild des Vaters im Delavigne'schen »Paria« halten wollte, gewann seine äußere Gestalt vielleicht weniger durch den Dichter selbst als durch die Persönlichkeit des Darstellers. Die hohe Gestalt Eßlair's in einer solchen Rolle, nämlich als reformierter Pfarrer, erschien uns wie ein kolossaler altkatholischer Dom, der zum protestantischen Gottesdienste eingerichtet worden; an den Wänden sind die hübschen Bilder teils abgebrochen, teils mit frischem Kalk überstrichen, die Pfeiler stehen nackt und kalt, und die Worte, die so öde und nüchtern von der neugezimmerten Kanzel erschallen, sind dennoch das Wort Gottes. So erschien uns Eßlair besonders in der Szene, wo der Pfarrer Struensee fast im liturgischen Tone seinen Sohn segnet.

Der Charakter der Königin Karoline Mathilde ist, wie sich von selbst versteht, holde Weiblichkeit, und wenn wir nicht irren, hat dem Dichter das Bild der unglücklichen Marie Antoinette vorgeschwebt, wie denn auch die Bedrängnisszene, wo die rebellierenden Truppen gegen das königliche Schloß marschieren, uns bedeutungsvoll den Tuileriensturm ins Gedächtnis rief. An Gestalt gewann die Königin ebenfalls durch ihre Darstellerin, Demoiselle Hagen, die am Anfang des zweiten Aktes, auf dem roten, goldumränderten Sessel sitzend, ganz so freundlich aussah wie auf dem Gemälde von Stieler, das wir jüngst im Ausstellungssaale des hiesigen Kunstvereins so sehr bewundert haben.

Wir besitzen nicht das Talent, schönen Damen etwas Bitteres zu sagen, es sei denn, daß wir sie liebten, und wir enthalten uns unseres Urteils über das Spiel der Demoiselle Hagen als Königin Karoline Mathilde um so mehr, da man der Meinung ist, sie habe in dieser Rolle besser als jemals gespielt, und da überhaupt unser etwaiger Tadel jene ganze Unnaturschule betrifft, woraus so viele Meisterinnen hervorgegangen. Mit Ausnahme der *Wolf,* der *Stich,* der *Schröder,* der *Peche,* der *Müller* und noch einiger andern Damen haben sich unsere Schauspielerinnen immer jenes gespreizten, singenden, gleißenden, heuchlerischen Tones befleißigt, der seinesgleichen nur auf lutherischen Kanzeln findet, und der jedes reine Gefühl parodiert. Die natürlichsten, unverwöhntesten Mädchen glauben, sobald sie die Bretter betreten, diesen Ton anstimmen zu müssen, und sobald sie sich diese traditionelle Unnatur zu eigen gemacht haben, nennen sie sich Künstlerinnen. Wenn wir in dieser Hinsicht unsere Königin Karoline Mathilde noch keine vollendete Künstlerin nennen, haben wir das größte Lob ausgesprochen, welches sie von uns erwarten kann. Da sie noch jung ist und hoffentlich auf wohlgemeinten Wink achtet, vermag sie vielleicht einst dem Streben nach jenem fatalen Künstlertume zu entsagen, und sie soll uns freundlich geneigt finden, sie dafür vollauf zu loben. Heute aber müssen wir die Krone einer bessern Königin zusprechen, und trotz unserer antiaristokratischen Gesinnung huldigen wir der Königin Juliane Marie. Diese ist eine Gestalt, diese ist ein Charakter, hier ist nichts auszusetzen an Zeichnung und Farbe, hier ist etwas Neues, etwas ganz Eigentümliches, und hier bekundet der Dichter seine höchste, göttlichste Vollmacht, seine Vollmacht, Menschen zu schaffen. Hier scheint uns Herr Beer ein Können zu offenbaren, das mehr ist, als was wir gewöhnlich Talent nennen, und das wir fast Genie nennen möchten, wenn wir mit diesem allzu kostbaren Worte minder geizig wären.

Die alte, schleichend kräftige, entzückend schauderhafte Königin ist eine eigentümliche Schöpfung des Dichters, die sich mit keinem vorhandenen Bilde vergleichen läßt. Madame Frieß hat diese Rolle gespielt, wie sie gespielt werden muß, sie hat den rauschenden

Beifall, der ihr zuteil wurde, rechtmäßig verdient, und seit jenem Abende zählen wir sie zu dem Häuflein besserer Schauspielerinnen, die wir oben genannt haben. Ihre seltsame, unruhige Händebewegung erinnerte uns lebhaft an die Semiramis der Madame Georges. Ihre Kostümierung, ihre Stimme, ihr Gang, ihr ganzes Wesen erfüllte uns mit geheimem Grauen; absonderlich in der Szene, wo sie den Verschworenen die Nachtbefehle austeilt, ward uns so tief unheimlich zumute wie damals in unserer Kindheit, als eines Abends die blinde Magd uns die schaurige Geschichte erzählte von dem nächtlichen Schlosse, wo die verwünschte Katzenkönigin, abenteuerlich geputzt, im Kreise ihrer Hofkater und Hofkatzen sitzt und, halb mit menschlicher Stimme und halb miauend, Unheil beratet.

Wir schließen diese Betrachtungen mit dem Bedauern, daß der Raum dieser Blätter uns nicht vergönnt, uns weitläufiger über Herrn Beer's neue Tragödie zu verbreiten. Wir fühlen selbst, daß wir zumeist nur eine Seite derselben, die politische, beleuchtet haben. Wir denken, daß andere Berichterstatter, wie gewöhnlich, einseitig die andere Seite, die romantische, die verliebte, besprechen werden. Indem wir solche Ergänzung erwarten, wollen wir nur noch unsern Dank aussprechen für den hohen Genuß, den uns der Dichter bereitet. An der freimütigen Beurteilung, die sein Werk bei uns gefunden, möge er unsere neidlose, liebreiche Gesinnung erkennen, und es sollte uns freuen, wenn unser Wort vielleicht dazu beiträgt, ihn auf der schönen Bahn, die er so ruhmvoll betreten, noch lange zu erhalten. Die Dichter sind ein unstetes Volk, man kann sich nicht auf sie verlassen, und die besten haben oft ihre besseren Meinungen gewechselt aus eitel Veränderungssucht. In dieser Hinsicht sind die Philosophen weit sicherer, weit mehr als die Dichter lieben sie die Wahrheiten, die sie einmal ausgesprochen, man sieht sie weit ausdauernder dafür kämpfen, denn sie haben selbst mühsam diese Wahrheiten aus der Tiefe des Denkens hervorgedacht, während sie den müßigen Dichtern gewöhnlich wie ein leichtes Geschenk zugekommen sind. Mögen die künftigen Tragödien des Herrn Beer, ebenso wie der »Paria« und der »Struensee«, tief durchdrungen werden von dem Hauche jenes Gottes, der noch größer ist als der große Apollo und all' die andern mediatisierten Götter des Olymps; wir sprechen vom Gotte der Freiheit.

Die deutsche Literatur

Von Wolfgang Menzel

Zwei Teile. Stuttgart, bei Gebrüder Frankh. 1828.

(1828)

»Wisse, daß jedes Werk, das da wert war, zu erscheinen, sogleich bei seiner Erscheinung gar keinen Richter finden kann; es soll sich erst sein Publikum erziehen, und einen Richterstuhl für sich bilden. – Spinoza hat über ein Jahrhundert gelegen, ehe ein treffendes Wort über ihn gesagt wurde; über Leibnitz ist vielleicht das erste treffende Wort noch zu erwarten, über Kant ganz gewiß. Findet ein Buch sogleich bei seiner Erscheinung seinen kompetenten Richter, so ist dies der treffende Beweis, daß dieses Buch ebensowohl auch ungeschrieben hätte bleiben können.«

Diese Worte sind von Johann Gottlieb Fichte, und wir setzten sie als Motto vor unsere Rezension des Menzel'schen Werks, teils um anzudeuten, daß wir nichts weniger als eine Rezension liefern, teils auch, um den Verfasser zu trösten, wenn über den eigentlichen Inhalt seines Buches nichts Ergründendes gesagt wird, sondern nur dessen Verhältnis zu ändern Büchern der Art, dessen Äußerlichkeiten und besonders hervorstehende Gedankenspitzen besprochen werden.

Indem wir nun zuvörderst zu ermitteln suchen, mit welchen vorhanden Büchern der Art das vorliegende Werk vergleichend zusammengestellt werden kann, kommen uns Friedrich Schlegel's Vorlesungen über Literatur fast ausschließlich in Erinnerung. Auch dieses Buch hat nicht seinen kompetenten Richter gefunden, und wie stark sich auch in der letzten Zeit, aus kleinlich protestantischen Gründen, manche absprechende Stimmen gegen Friedrich Schlegel erhoben haben, so war doch noch keiner imstande, beurteilend sich über den großen Beurteiler zu erheben; und wenn wir auch eingestehen müssen, daß ihm an kritischem Scharfblick sein Bruder August Wilhelm und einige neuere Kritiker, z. B. Willibald Alexis, Zimmermahn, Varnhagen v. Ense und Immermann, ziemlich überlegen sind, so haben uns diese bisher doch nur Monographien geliefert, während Friedrich Schlegel großartig das Ganze aller geistigen

Bestrebungen erfaßte, die Erscheinungen derselben gleichsam wieder zurückschuf in das ursprüngliche Schöpfungswort, woraus sie hervorgegangen, so daß sein Buch einem schaffenden Geisterliede gleicht.

Die religiösen Privatmarotten, die Schlegel's spätere Schriften durchkreuzen, und für die er allein zu schreiben wähnte, bilden doch nur das Zufällige, und namentlich in den Vorlesungen über Literatur ist, vielleicht mehr als er selbst weiß, die Idee der Kunst noch immer der herrschende Mittelpunkt, der mit seinen goldenen Radien das ganze Buch umspinnt. Ist doch die Idee der Kunst zugleich der Mittelpunkt jener ganzen Literaturperiode, die mit dem Erscheinen Goethe's anfängt und erst jetzt ihr Ende erreicht hat, ist sie doch der eigentliche Mittelpunkt in Goethe selbst, dem großen Repräsentanten dieser Periode – und wenn Friedrich Schlegel in seiner Beurteilung Goethe's demselben allen Mittelpunkt abspricht, so hat dieser Irrtum vielleicht seine Wurzel in einem verzeihlichen Unmut. Wir sagen »verzeihlich«, um nicht das Wort »menschlich« zu gebrauchen; die Schlegel, geleitet von der Idee der Kunst, erkannten die Objektivität als das höchste Erfordernis eines Kunstwerks, und da sie diese im höchsten Grade bei Goethe fanden, hoben sie ihn auf den Schild, die neue Schule huldigte ihm als König, und als er König war, dankte er, wie Könige zu danken pflegen, indem er die Schlegel kränkend ablehnte und ihre Schule in den Staub trat.

Menzel's »deutsche Literatur« ist ein würdiges Seitenstück zu dem erwähnten Werk von Friedrich Schlegel. Dieselbe Großartigkeit der Auffassung, des Strebens, der Kraft und des Irrtums. Beide Werke werden den späteren Literaturen Stoff zum Nachdenken liefern, indem nicht bloß die schönsten Geistesschätze darin niedergelegt sind, sondern indem auch ein jedes dieser beiden Werke ganz die Zeit charakterisiert, worin es geschrieben ist. Dieser letztere Umstand gewährt auch uns das meiste Vergnügen bei der Vergleichung beide Werke. In dem Schlegel'schen sehen wir ganz die Bestrebungen, die Bedürfnisse, die Interessen, die gesamte deutsche Geistesrichtung der vorletzten Dezennien, und die Kunstsidee als Mittelpunkt des Ganzen. Bilden aber die Schlegel'schen Vorlesungen solchermaßen ein Literaturepos, so erscheint uns hingegen das Menzel'sche Werk wie ein bewegtes Drama, die Interessen der Zeit treten auf und halten ihre Monologe, die Leidenschaften, Wünsche, Hoffnungen, Furcht und Mitleid sprechen sich aus, die Freunde raten, die Feinde drängen, die Parteien stehen sich gegenüber, der Verfasser läßt allen ihr Recht widerfahren, als echten Dramatiker behandelt er keine der kämpfenden Parteien mit allzu besonderer Vorliebe, und wenn wir etwas vermissen, so ist es nur der Chorus, der die letzte Bedeutung des Kampfes ruhig ausspricht. Diesen Chorus aber konnte uns Herr Menzel nicht geben, wegen des einfachen Umstandes, daß er noch nicht das Ende dieses Jahrhundert erlebt hat. Aus demselben Grunde erkannten wir bei einem Buche aus einer früheren Periode, dem Schlegel'schen, weit leichter den eigentlichen Mittelpunkt als bei einem Buche aus der jetzigsten Gegenwart. Nur so viel sehen wir, der Mittelpunkt des Menzel'schen Buches ist nicht mehr die Idee der Kunst. Menzel sucht viel eher das Verhältnis des Lebens zu den Büchern aufzufassen, einen Organismus in der Schriftwelt zu entdecken, es ist uns manchmal vorgekommen, als betrachte er die Literatur wie eine Vegetation – und da wandelt er mit uns herum und botanisiert, und nennt die Bäume bei ihrem Namen, reißt Witze über die größten Eichen, riecht humoristisch an jedem Tulpenbeet, küßt jede Rose, neigt sich freundlich zu einigen befreundeten Wiesenblümchen und schaut dabei so klug, daß wir fast glauben möchten, er höre das Gras wachsen.

Andererseits erkennen wir bei Menzel ein Streben nach Wissenschaftlichkeit, welches ebenfalls eine Tendenz unserer neuesten Zeit ist, eine jener Tendenzen, wodurch sie sich von der früheren Kunstperiode unterscheidet. Wir haben große geistige Eroberungen gemacht, und die Wissenschaft soll sie als unser Eigentum sichern. Diese Bedeutung derselben hat sogar die Regierung in einigen deutschen Staaten anerkannt, absonderlich in Preußen, wo die Namen Humboldt, Hegel, Bopp, A. W. Schlegel, Schleiermacher etc. in solche Hinsicht am schönsten glänzen. Dasselbe Streben hat sich, zumeist durch Einwirkung solcher deutschen Gelehrten nach Frankreich verbreitet; auch hier erkennt man, daß alles Wissen einen Wert an und für sich hat, daß es nicht wegen der augenblicklichen Nützlichkeit kultiviert werden soll, sondern damit es seinen Platz finde in dem Gedankenreiche, das wir, als das beste Erbteil, den folgenden Geschlechtern überliefern werden.

Herr Menzel ist mehr ein enzyklopädischer Kopf als ein synthetisch wissenschaftlicher. Da ihn aber sein Wille zur Wissenschaftlichkeit drängt, so finden wir in seinem Buche eine seltsame Vereinigung seiner Naturanlage mit seinem vorgefaßten Streben. Die Gegenstände entsteigen daher nicht aus einem einzigen innersten Prinzip, sie werden vielmehr nach einem geistreichen Schematismus einzeln abgehandelt, aber doch ergänzend, so daß das Buch ein schönes, gerundetes Ganze bildet.

In dieser Hinsicht gewinnt vielleicht das Buch für das große Publikum, dem die Übersicht erleichtert wird, und das auf jede Seite etwas Geistreiches, Tiefgedachtes und Anziehendes findet, welches nicht erst auf ein letztes Prinzip bezogen werden muß, sondern an und für sich schon seinen vollgültigen Wert hat. Der Witz, den man in Menzel'schen Geistesprodukten zu suchen berechtigt ist, wird durchaus nicht vermißt, er erscheint um so würdiger, da er nicht mit sich selbst kokettiert, sondern nur der Sache wegen hervortritt – obgleich sich nicht leugnen läßt, daß er Herrn Menzel oft dazu dienen muß, die Lücken seines Wissens zu stopfen. Herr Menzel ist unstreitig einer der witzigsten Schriftsteller Deutschlands, er kann seine Natur nicht verleugnen, und möchte er auch, alle witzigen Einfalle ablehnend, in einem steifen Perückentone dozieren, so überrascht ihn wenigstens der Ideenwitz, und diese Witzart, eine Verknüpfung von Gedanken, die sich noch nie in einem Menschenkopfe begegnet, eine wilde Ehe zwischen Scherz und Weisheit, ist vorherrschend in dem Menzel'schen Werke. Nochmal rühmen wir des Verfassers Witz, um so mehr, da es viele trockene Leute in der Welt gibt, die den Witz gern proskribieren möchten, und man täglich hören kann, wie Pantalon sich gegen diese niedrigste Seelenkraft, den Witz, zu ereifern weiß, und als guter Staatsbürger und Hausvater die Polizei auffordert, ihn zu verbieten. Mag immerhin der Witz zu den niedrigsten Seelenkräften gehören, so glauben wir doch, daß er sein Gutes hat. Wir wenigstens möchten ihn nicht entbehren. Seitdem es nicht mehr Sitte ist, einen Degen an der Seite zu tragen, ist es durchaus nötig, daß man Witz im Kopfe habe. Und sollte man auch so übellaunig sein, den Witz nicht bloß als notwendige Wehr, sondern sogar als Angriffswaffe zu gebrauchen, so werdet darüber nicht allzusehr aufgebracht, ihr edlen Pantalone des deutschen Vaterlandes! Jener Angriffswitz, den ihr Satire nennt, hat seinen guten Nutzen in dieser schlechten, nichtsnutzigen Zeit. Keine Religion ist mehr imstande, die Lüfte der kleinen Erdenherrscher zu zügeln, sie verhöhnen euch ungestraft, und ihre Rosse zertreten eure Saaten, eure Töchter hungern und verkaufen ihre Blüten dem schmutzigen Parvenü, alle Rosen dieser Welt werden die Beute eines windigen Geschlechts von Stockjobbern und bevorrechtigten Lakaien, und vor dem Übermute des Reichtums und der Gewalt schützt euch nichts – als der Tod und die Satire.

» *Universalität* ist der Charakter unserer Zeit«, sagt Herr Menzel im zweiten Teile, S. 63, seines Werkes, und da dieses letztere, wie wir oben bemerkt, ganz den Charakter unserer Zeit trägt, so finden wir darin auch ein Streben nach jener Universalität. Daher ein Verbreiten über alle Richtungen des Lebens und des Wissens, und zwar unter folgenden Rubriken:»Die Masse der Literatur, Nationalität, Einfluß der Schulgelehrsamkeit, Einfluß der fremden Literatur, der literarische Verkehr, Religion, Philosophie, Geschichte, Staat, Erziehung, Natur, Kunst und Kritik.« Es ist zu bezweifeln, ob ein junger Gelehrter in allen möglichen Disziplinen so tief eingeweiht sein kann, daß wir eine gründliche Kritik des neuesten Zustandes derselben von ihm erwarten dürften. Herr Menzel hat sich durch Divination und Konstruktion zu helfen gewußt. Im Divinieren ist er oft glücklich, im Konstruieren immer geistreich. Wenn auch zuweilen seine Annahmen willkürlich und irrig sind, so ist er doch unübertrefflich im Zusammenstellen des Gleichaltrigen und der Gegensätze. Er verfährt kombinatorisch und konziliatorisch. Den Zweck dieser Blätter berücksichtigend, wollen wir als eine Probe der Menzel'schen Darstellungsweise die folgende Stelle aus der Rubrik »Staat« mitteilen:

»Bevor wir die Literatur der politischen Praxis betrachten, wollen wir einen Blick auf die Theorien werfen. Alle Praxis geht von den Theorien aus. Es ist jetzt nicht mehr die Zeit, da die Völker aus einem gewissen sinnlichen Übermute oder aus zufälligen örtlichen Veranlassungen in einen vorübergehenden Hader geraten. Sie kämpfen vielmehr um Ideen, und eben darum ist ihr Kampf ein allgemeiner, im Herzen eines jeden Volks selbst und nur insofern eines Volks wider das andere, als bei dem einen diese, bei dem andern jene Idee das Übergewicht behauptet. Der Kampf ist durchaus philosophisch geworden, so wie er früher religiös gewesen. Es ist nicht ein Vaterland, nicht ein großer Mann, worüber man streitet, sondern es sind *Überzeugungen*, denen die Völker wie die Helden sich unterordnen müssen. Völker haben mit Ideen gesiegt, aber sobald sie ihren Namen an die Stelle der Idee zu setzen gewagt, sind sie zu Schanden geworden; Helden haben durch Ideen eine Art von Weltherrschaft erobert, aber sobald sie die Idee verlassen, sind sie in Staub gebrochen. Die Menschen haben gewechselt, nur die Ideen sind bestanden. Die Geschichte war nur die Schule der Prinzipien. Das vorige Jahrhundert war reicher an voraussichtigen Spekulationen, das gegenwärtige ist reicher an Rücksichten und Erfahrungsgrundsätzen. In beiden liegen die Hebel der Begebenheiten, durch sie wird alles erklärt, was geschehen ist.

»Es gibt nur zwei Prinzipe oder entgegengesetzte Pole der politischen Welt, und an beiden Endpunkten der großen Achse haben die *Parteien* sich gelagert, und bekämpfen sich mit steigender Erbitterung. Zwar gilt nicht jedes Zeichen der Partei für jeden ihrer Anhänger, zwar wissen manche kaum, daß sie zu dieser bestimmten Partei gehören, zwar bekämpfen sich die Glieder einer Partei untereinander selbst, sofern sie aus ein und demselben Prinzipe verschiedene Folgerungen ziehen; im allgemeinen aber muß der subtilste Kritiker so gut wie das gemeine Zeitungspublikum einen Strich ziehen zwischen *Liberalismus* und *Servilismus*, Republikanismus und Autokratie. Welches auch die Nuancen sein mögen, jenes *Clair-obscur* und jene bis zur Farblosigkeit gemischten Tinten, in welche beide Hauptfarben ineinander übergehen, diese Hauptfarben selbst verbergen sich nirgends, sie bilden den großen, den einzigen Gegensatz in der Politik, und man sieht sie den Menschen wie den Büchern gewöhnlich auf den ersten Blick an. Wohin wir im politischen Gebiete das Auge werfen, trifft es diese Farben an. Sie füllen es ganz aus, hinter ihnen ist leerer Raum.

»Die liberale Partei ist diejenige, die den politischen Charakter der neueren Zeit bestimmt, während die sogenannte servile Partei noch wesentlich im Charakter des Mittelalters handelt. Der Liberalismus schreitet daher in demselben Maße fort wie die Zeit selbst, oder ist in dem Maße gehemmt, wie die Vergangenheit noch in die Gegenwart herüber dauert. Er entspricht dem Protestantismus, sofern er gegen das Mittelalter protestiert, er ist nur eine neue Entwicklung des Protestantismus im weltlichen Sinn, wie der Protestantismus ein geistlicher Protestantismus war. Er hat seine Partei in dem gebildeten Mittelstande, während der Sevilismus die seinige in der vornehmen und in der rohen Masse findet. Dieser Mittelstand schmilzt allmählich immer mehr die starren Krystallisationen der mittelalterlichen Stände zusammen. Die ganze neuere Bildung ist aus dem Liberalismus hervorgegangen oder hat ihm gedient, sie war die Befreiung von dem kirchlichen Autoritätsglauben. Die ganze Literatur ist ein Triumph des Liberalismus, denn seine Feinde sogar müssen in seinen Waffen fechten. Alle Gelehrte, alle Dichter haben ihm Vorschub geleistet, seinen größten Philosophen aber hat er in Fichte, seinen größten Dichter in Schiller gefunden.«

Unter der Rubrik »Philosophie« bekennt sich Herr Menzel ganz zu Schelling, und unter der Rubrik »Natur« hat der dessen Lehre, wie sich gebührt, gefeiert. Wir stimmen überein in dem, was er über diesen allgemeinen Weltdenker ausspricht. Görres und Steffens finden als Schelling'sche Unterdenker ebenfalls ihre Anerkennung. Ersterer ist mit Vorliebe gewürdigt, seine Mystik etwas allzu poetisch gerühmt. Doch sehen wir diesen hohen Geist immer lieber überschätzt als parteilich verkleinert. Steffens wird als Repräsentant des Pietismus dargestellt, und die Ansichten, die der Verfasser von Mystik und Pietismus hegt, sind, wenn auch irrig, doch immer tiefsinnig, schöpferisch und großartig. Wir erwarten nicht viel Gutes vom Pietismus, obgleich Herr Menzel sich abmüht, das Beste von ihm zu prophezeien. Wir teilen die Meinung eines witzigen Mannes, der keck behauptet: »Unter hundert Pietisten sind neunundneunzig Schurken und ein Esel.« Von frömmelnden Heuchlern ist kein Heil zu erwarten, und durch Eselsmilch wird unsere schwache Zeit auch nicht sehr erstarken. Weit eher dürfen wir Heil vom Mystizismus erwarten. In seiner jetzigen Erscheinung mag er immerhin widerwärtig und gefährlich sein; in seinen Resultaten kann er heilsam wirken. Dadurch, daß der Mystiker sich in die Traumwelt seiner innern Anschauung zurückzieht und in sich selbst die Quelle aller Erkenntnis annimmt, dadurch ist er der Obergewalt jeder äußern Autorität entronnen, und die orthodoxesten Mystiker haben auf diese Art in der Tiefe ihrer Seele jene Unwahrheiten wieder gefunden, die mit den Vorschriften des positiven Glaubens im Widerspruch stehen, sie haben die Autorität der Kirche geleugnet und haben mit Leib und Leben ihre Meinung vertreten. Ein Mystiker aus der Sekte der Essäer war jener Rabbi, der in sich selbst die Offenbarung des Vaters erkannte und die Welt erlöste von der blinden Autorität steinerner Gesetze und schlauer Priester; ein Mystiker war jener deutsche Mönch, der in seinem einsamen Gemüte die Wahrheit ahnte, die längst aus der Kirche verschwunden war; – und Mystiker werden es sein, die uns wieder vom neueren Wortdienst erlösen und wieder eine Naturreligion begründen, eine Religion, wo wieder freudige Götter aus Wäldern und Steinen hervorwachsen und auch die Menschen sich göttlich freuen. Die katholische Kirche hat jene Gefährlichkeit des Mystizismus immer tief gefühlt; daher im Mittelalter beförderte sie mehr das Studium des Aristoteles als des Plato; daher im vorigen Jahrhundert ihr Kampf gegen den Jansenismus; und zeigt sie sich heutzutage sehr freundlich gegen Männer wie Schlegel, Görres, Haller, Müller etc., so betrachtet sie solche doch nur wie Guerillas, die man in schlimmen Kriegszeiten, wo die stehenden Glaubensarmeen etwas zusammengeschmolzen sind, gut gebrauchen kann, und späterhin in Friedenszeit gehörig unterdrücken wird. Es würde zu weit führen, wenn wir nachweisen wollten, wie auch im Oriente der Mystizismus den Autoritätsglauben sprengt, wie z. B. aus dem Sufismus in der neuesten Zeit Sekten entstanden, deren Religionsbegriffe von der erhabensten Art sind.

Wir können nicht genug rühmen, mit welchem Scharfsinne Herr Menzel vom Protestantismus und Katholizismus spricht, in diesem das Prinzip der Stabilität, in jenem das Prinzip der Evolution erkennend. In dieser Hinsicht bemerkt er sehr richtig unter der Rubrik »Religion«:

»Der Erstarrung muß die Bewegung, dem Tode das Leben, dem unveränderlichen Sein ein ewiges Werden sich entgegensetzen. Hierin allein hat der Protestantismus seine große welthistorische Bedeutung gefunden. Er hat mit der jugendlichen Kraft, die nach höherer Entwicklung drängt, der greisen Erstarrung gewehrt. Er hat ein Naturgesetz zu dem seinigen gemacht, und mit diesem allein kann er siegen. Diejenigen unter den Protestanten also, welche selbst wieder in eine andere Art von Starrsucht verfallen sind, die Orthodoxen, haben das eigentliche Interesse des Kampfes aufgegeben. Sie sind stehen geblieben und dürfen von Rechts wegen sich nicht beklagen, daß die Katholiken auch stehen geblieben sind. Man kann nur durch ewigen Fortschritt oder gar nicht gewinnen. Wo man stehen bleibt, ist ganz einerlei, als wo die Uhr stehen bleibt. Sie ist da, damit sie geht.«

Das Thema des Protestantismus führt uns auf dessen würdigen Verfechter, Johann Heinrich Voß, den Herr Menzel bei jeder Gelegenheit mit den härtesten Worten und durch die bittersten Zusammenstellungen verunglimpft. Hierüber können wir nicht bestimmt genug unseren Tadel aussprechen. Wenn der Verfasser unseren seligen Voß einen »ungeschlachten niedersächsischen Bauer« nennt, sollten wir fast auf den Argwohn geraten, er neige selber zu der Partie jener Ritterlinge und Pfaffen, wogegen Voß so wacker gekämpft hat. Jene Partei ist zu mächtig, als daß man mit einem zarten Galanteriedegen gegen sie kämpfen könnte, und wir bedurften eines ungeschlachten niedersächsischen Bauers, der das alte Schlachtwort aus der Zeit des Bauernkriegs wieder hervorgrub und damit loshieb. Herr Menzel hat vielleicht nie gefühlt, wie tief ein ungeschlachtes niedersächsisches Bauernherz verwundet werden kann von dem freundschaftlichen Stich einer feinen, glatten hochadligen Viper – die Götter haben gewiß Herr Menzel vor solchen Gefühlen bewahrt, sonst würde er die Herbheit der Vossischen Schriften nur in den Tatsachen finden und nicht in den Worten. Es mag wahr sein, daß Voß in seinem protestantischen Eifer die Bildestürmerei etwas zu weit trieb. Aber man bedenke, daß die Kirche jetzt überall die Verbündete der Aristokratie ist und sogar hie und da von ihr besoldet wird. Die Kirche, einst die herrschende Dame, vor welcher die Ritter ihre Knie beugten und zu deren Ehren sie mit dem ganzen Orient turnierten, jene Kirche ist schwach und alt geworden, sie möchte sich jetzt eben diesen Rittern als dienende Amme verdingen und verspricht mit ihren Liedern die Völker in den Schlaf zu lullen, damit man den Schlafenden leichter fesseln und scheren könne.

Unter der Rubrik »Kunst« häufen sich die meisten Ausfälle gegen Voß. Diese Rubrik umfaßt beinahe den ganzen zweiten Teil des Menzel'schen Werks. Die Urteile über unsere nächsten Zeitgenossen lassen wir unbesprochen. Die Bewunderung, die der Verfasser für Jean Paul hegt, macht seinem Herzen Ehre. Ebenfalls die Begeisterung für Schiller. Auch wir nehmen daran Anteil; doch gehören wir nicht zu denen, die durch Vergleichung Schiller's mit Goethe den

Wert des letzteren herabdrücken möchten. Beide Dichter sind Volksmusik ersten Range, beide sind groß, vortrefflich, außerordentlich, und hegen wir etwas Vorneigung für Goethe, so entsteht sie doch nur aus dem geringfügigen Umstand, daß wir glauben, Goethe wäre imstande gewesen, einen ganzen Friedrich Schiller mit allen dessen Räubern, Pizzolominis, Louisen, Marien und Jungfrauen zu dichten, wenn er der ausführlichen Darstellung eines solchen Dichters nebst den dazu gehörigen Gedichten in seinen Werken bedurft hätte.

Wir können über die Härte und Bitterkeit, womit Herr Menzel von Goethe spricht, nicht stark genug unser Erschrecken ausdrücken. Er sagt manch allgemein wahres Wort, das aber nicht auf Goethe angewendet werden dürfte. Beim Lesen jener Blätter, worin über Goethe gesprochen oder vielmehr abgesprochen wird, ward uns plötzlich so ängstlich zumute wie vorigen Sommer, als ein Bankier in London uns der Kuriosität wegen einige falsche Banknoten zeigte; wir konnten diese Papiere nicht schnell genug wieder aus den Händen geben, aus Furcht, man möchte plötzlich uns selbst als Verfertiger derselben anklagen und ohne Umstände vor Old Bailey aufhängen. Erst nachdem wir an den Menzel'schen Blättern über Goethe unsre schaurige Neugier befriedigt, erwachte der Unmut. Wir beabsichtigen keineswegs eine Verteidigung Goethe's; wir glauben, die Menzel'sche Lehre: »Goethe sei kein Genie, sondern ein Talent«, wird nur bei wenigen Eingang finden, und selbst die wenigen werden doch zugeben, daß Goethe dann und wann das Talent hat, ein Genie zu sein. Aber selbst wenn Menzel recht hätte, würde es sich nicht geziemt haben, sein hartes Urteil so hart hinzustellen. Es ist doch immer Goethe, der König, und ein Rezensent, der an einen solchen Dichterkönig sein Messer legt, sollte doch ebensoviel Kourtoisie besitzen wie jener englische Scharfrichter, welcher Karl I. köpfte und, ehe er dieses kritische Amt vollzog, vor dem königlichen Delinquenten niederkniete und seine Verzeihung erbat.

Woher aber kommt diese Härte gegen Goethe, wie sie uns hie und da sogar bei den ausgezeichnetsten Geistern bemerkbar worden? Vielleicht eben weil Goethe, der nichts als *primus inter pares* sein sollte, in der Republik der Geister zur Tyrannis gelangt ist, betrachten ihn viele große Geister mit geheimem Groll. Sie sehen in ihm sogar einen Ludwig XI., der den geistigen hohen Adel unterdrückt, indem er den geistigen *Tiers état*, die liebe Mittelmäßigkeit, emporhebt. Sie sehen, er schmeichelt den respektiven Korporationen der Städte, er sende gnädige Handschreiben und Medaillen an die »lieben Getreuen«, und erschafft einen Papieradel von Hochbelobten, die sich schon viel höher dünken als jene wahren Großen, die ihren Adel, ebensogut wie der König selbst, von der Gnade Gottes erhalten, oder, um whiggisch zu sprechen, von der Meinung des Volkes. Aber immerhin mag dieses geschehen. Sahen wir doch jüngst in den Fürstengrüften von Westminster, daß jene Großen, die, als sie lebten, mit den Königen haderten, dennoch im Tode in der königlichen Nähe begraben liegen – und so wird auch Goethe nicht verhindern können, daß jene großen Geister, die er im Leben gern entfernen wollte, dennoch im Tode mit ihm zusammen kommen und neben ihm ihren ewigen Platz finden im Westminster der deutschen Literatur.

Die brütende Stimmung unzufriedener Großen ist ansteckend, und die Luft wird schwül. Das Prinzip der Goethe'schen Zeit, die Kunstidee, entweicht, eine neue Zeit mit einem neuen Prinzipe steigt auf, und seltsam! wie das Menzel'sche Buch merken läßt, sie beginnt mit Insurrektion gegen Goethe. Vielleicht fühlt Goethe selbst, daß die schöne objektive Welt, die er durch Wort und Beispiel gestiftet hat, notwendigerweise zusammensinkt, so wie die Kunstidee allmählich ihre Herrschaft verliert, und daß neue frische Geister von der neuen Idee der neuen Zeit hervorgetrieben werden, und gleich nordischen Barbaren, die in den Süden einbrechen, das zivilisierte Goethentum über den Haufen werfen und an dessen Stelle das Reich der wildesten Subjektivität begründen. Daher das Bestreben, eine Goethe'sche Landmiliz auf die Beine zu bringen. Überall Garnisonen und aufmunternde Beförderungen. Die alten Romantiker, die Janitscharen, werden zu regulären Truppen zugestutzt, müssen ihre Kessel abliefern, müssen die Goethe'sche Uniform anziehen, müssen täglich *exerzieren*. Die Rekruten lärmen und trinken und schreien Vivat; die Trompeten blasen –

Wird Kunst und Altertum imstande sein, Natur und Jugend zurückzudrängen?

Wir können nicht umhin, ausdrücklich zu bemerken, daß wir unter »Goethentum« nicht Goethe's Werke verstehen, nicht jene teuren Schöpfungen, die vielleicht noch leben werden, wenn längst die deutsche Sprache schon gestorben ist und das geknutete Deutschland in slavischer Mundart wimmert; unter jenem Ausdruck verstehen wir auch nicht eigentlich die Goethe's Denkweise, diese Blume, die im Miste unserer Zeit immer blühender gedeihen wird, und sollte auch ein glühendes Enthusiastenherz sich über ihre kalte Behaglichkeit noch so sehr ärgern; mit dem Worte »Goethentum« deuteten wir oben vielmehr auf Goethe'sche Formen, wie wir sie bei der blöden Jüngerschar nachgeknetet finden, und auf das matte Nachpiepsen jener Weisen, die der Alte gepfiffen. Eben die Freude, die dem Alten jenes Nachkneten und Nachpiepsen gewährt, erregte unsere Klage. Der Alte! wie zahm und milde ist er geworden! Wie sehr hat er sich gebessert! würde ein Nicolait sagen, der ihn noch in jenen wilden Jahren kannte, wo er den schwülen »Werther« und den »Götz mit der eisernen Hand« schrieb! Wie hübsch manierlich ist er geworden, wie ist ihm alle Roheit jetzt fatal, wie unangenehm berührt es ihn, wenn er an die frühere geniale himmelstürmende Zeit erinnert wird, oder wenn gar andere, in seine alten Fußstapfen tretend, mit demselben Übermut ihre Titanenflegeljahre austoben! Sehr treffend hat in dieser Hinsicht ein geistreicher Ausländer unsern Goethe mit einem alten Räuberhauptmanne verglichen, der sich vom Handwerke zurückgezogen hat, unter den Honoratioren eines Provinzialstädtchens ein ehrsam bürgerliches Leben führt, bis aufs kleinlichste alle Philistertugenden zu erfüllen strebt, und in die peinlichste Verlegenheit gerät, wenn zufällig irgendein wüster Waldgesell aus Kalabrien mit ihm zusammentrifft und alte Kameradschaft nachsuchen möchte.

Vorbemerkung zu Lautenbacher's Paraphrase einer Stelle des Tacitus

(1828)

Anno 1794 lieferte der *Vieux cordelier* eine Paraphrase jenes Kapitels des Tazitus, wo dieser den Zutand Rom's unter Nero schildert. Ganz Paris fand darin auch das Bild seiner eigenen Schreckenszeit und wenn es auch dem furchtbaren Robespierre gelang, den Verfasser jener Paraphrase, den edlen Camille Desmoulins, hinrichten zu lassen, so blieb doch dessen Wort am Leben; gleich geheimnisvoller Saat wucherte es im Herzen des Volkes, getränkt von Märtyrerblut schoß diese Saat um so üppiger empor, und ihre Frucht war der neunte Thermidor.

Paraphrasen des Tacitus gehören also nicht bloß ins Gebiet der Schulstube und dürften wohl in »politischen Annalen« ihre Stelle finden.

Nachträge. (*Zu den musikalischen Berichten aus Paris.*)

Die erste Aufführung von Meyerbeer's »Hugenotten«

Paris, den 1. März 1836.

Für die schöne Welt von Paris war gestern ein merkwürdiger Tag: – die erste Vorstellung von Meyerbeer's langersehnten »Hugenotten« gab man in der Oper, und Rothschild gab seinen ersten großen Ball in seinem neuen Hotel. Ich wollte von beiden Herrlichkeiten an demselben Abend genießen, und habe mich so übernommen, daß ich noch wie berauscht bin, daß mir Gedanken und Bilder im Kopfe taumeln, und daß ich vor lauter Betäubnis und Ermüdung fast nicht schreiben kann. Von Beurteilung kann gar nicht die Rede sein. »Robert-le-Diable« mußte man ein Dutzendmal hören, ehe man in die ganze Schönheit dieses Meisterwerks eindringen konnte. Und wie Kunstrichter versichern, soll Meyerbeer in den »Hugenotten« noch größere Vollendung der Form, noch geistreichere Ausführung der Details gezeigt haben. Er ist wohl der größte jetzt lebende Kontrapunktist, der größte Künstler in der Musik; er tritt diesmal mit ganz neuen Formschöpfungen hervor, er schafft neue Formen im Reiche der Töne, und auch neue Melodien gibt er, ganz außerordentliche, aber nicht in anarchischer Fülle, sondern wo er will und wann er will, an der Stelle, wo sie nötig sind. Hierdurch eben unterscheidet er sich von andern genialen Musikern, deren Melodienreichtum eigentlich ihren Mangel an Kunst verrät, indem sie von der Strömung ihrer Melodien sich selber hinreißen lassen und der Musik mehr gehorchen als gebieten. Ganz richtig hat man gestern im Foyer der Oper den Kunstsinn von Meyerbeer mit dem Goethe'schen verglichen. Nur hat, im Gegensatz zu Goethe, bei unserm großen Maestro die Liebe für seine Kunst, für seine Musik, einen so leidenschaftlichen Charakter angenommen, daß seine Verehrer oft für seine Gesundheit besorgt sind. Von diesem Manne gilt wahrhaftig das orientalische Gleichnis von der Kerze, die, während sie andern leuchtet, sich selber verzehrt. Auch ist er der abgesagte Feind von aller Unmusik, allen Mißtönen, allem Gegröle, allem Gequicke, und man erzählt die spaßhaftesten Dinge von seiner Antipathie gegen Katzen und Katzenmusik. Schon die Nähe einer Katze kann ihn aus dem Zimmer treiben, sogar ihm eine Ohnmacht zuziehen. Ich bin überzeugt, Meyerbeer stürbe, wenn es nötig wäre, für einen musikalischen Satz, wie andere etwa für einen Glaubenssatz. Ja, ich bin der Meinung, wenn am jüngsten Tage ein Posaunenengel schlecht bliese, so wäre Meyerbeer kapabel, im Grabe ruhig liegen zu bleiben und an der allgemeinen Auferstehung gar keinen Teil zu nehmen. Durch seinen Enthusiasmus für die Sache sowie auch durch seine persönliche Bescheidenheit, sein edles, gütiges Wesen, besiegt der gewiß auch jede kleine Opposition, die, hervorgerufen durch den kolossalen Erfolg von »Robert-le-Diable«, seitdem hinlängliche Muße hatte, sich zu vereinigen, und die gewiß dieses Mal bei dem neuen Triumphzug ihre bösmäuligsten Lieder ertönen läßt. Es darf Sie daher nicht befremden, wenn vielleicht einige grelle Mißlaute in dem allgemeinen Beifallsrufe vernehmbar werden. Ein Musikhändler, welcher nicht der Verleger der neuen Oper, wird wohl das Mittelpünktchen dieser Opposition bilden, und an diesen lehnen sich einige musikalische Renomméen, die längst erloschen oder noch nie geleuchtet.

Es war gestern abend ein wunderbarer Anblick, das eleganteste Publikum von Paris, festlich geschmückt, in dem großen Opernsaale versammelt zu sehen, mit zitternder Erwartung, mit ernsthafter Ehrfurcht, fast mit Andacht. Alle Herzen schienen erschüttert. Das war Musik. – Und darauf der Rothschild'sche Ball. Da ich ihn erst um vier Uhr diesen Morgen verlassen und noch nicht geschlafen habe, bin ich zu sehr ermüdet, als daß ich Ihnen von dem Schauplatze dieses Festes, dem neuen, ganz im Geschmack der Renaissance erbauten Palaste, und von dem Publikum, das mit Erstaunen darin umherwandelte, einen Bericht abstatten könnte. Dieses Publikum bestand, wie bei allen Rothschild'schen Soiréen, in einer strengen Auswahl aristokratischer Illustrationen, die durch große Namen oder hohen Rang, die Frauen aber mehr durch Schönheit und Putz, imponieren könnten. Was jenen Palast mit seinen Dekorationen betrifft, so ist hier alles vereinigt, was nur der Geist des 16. Jahrhunderts ersinnen und das Geld des 19. Jahrhunderts bezahlen konnte; hier wetteiferte der Genius der bildenden Kunst mit dem Genius von Rothschild. Seit zwei Jahren war an diesem Palast und seiner Dekoration beständig gearbeitet, und die Summen, die daran verwendet worden, sollen ungeheuer sein. Herr von Rothschild lächelt, wenn man ihn darüber befragt. Es ist das Versailles der absoluten Geldherrschaft. Indessen muß man den Geschmack, womit alles ausgeführt ist, ebensosehr wie die Kostbarkeit der Ausführung bewundern. Die Leitung der Verzierungen hatte Herr Duponchel übernommen, und alles zeugt von seinem guten Geschmack. Im ganzen, so wie in Einzelheiten, erkennt man auch den feinen Kunstsinn der Dame des Hauses, die nicht bloß eine der hübschesten Frauen von Paris ist, sondern ausgezeichnet durch Geist und Kenntnisse, sich auch praktisch mit bildender Kunst, nämlich Malerei, beschäftigt. – Die Renaissance, wie man das Zeitalter Franz I. benannt, ist jetzt Mode in Paris. Alles möbliert und kostümiert man jetzt im Geschmacke dieser Zeit; ja, manche treiben dieses bis zur Wut. Was bedeutet diese plötzlich erwachte Leidenschaft für jene Epoche der erwachten Kunst, der erwachten Lebensheiterkeit, der erwachten Liebe für das Geistreiche in der Form der Schönheit? Vielleicht liegen in unserer Zeit einige Tendenzen, die sich durch diese Sympathie beurkunden.

Zur »Lutetia«, Parlamentarische Periode des Bürgerkönigstums.)
Der Hamburger Brand

Paris, den 20. Mai 1842.

In diesem Augenblick freilich sind die meisten Völker noch darauf hingewiesen, ihr Nationalgefühl auszubilden oder vielmehr auszubeuten, um zur Innern Einheit, zur Zentralisation ihrer Kräfte zu gelangen und somit auch nach außen den bedrohlichen Nachbarn gegenüber zu erstarken. Aber das Nationalgefühl ist nur Mittel zum Zweck, es wird wieder erlöschen, sobald dieser erreicht ist, und es hat keine so große Zukunft wie jenes Bewußtsein des Weltbürgertums, das von den edelsten Geistern des 18. Jahrhunderts proklamiert worden, und früh oder spät, aber auf immer, auf ewig, zur Herrschaft gelangen muß. Wie tief dieser Kosmopolitismus in den Herzen der Franzosen wurzelt, das beurkundete sich recht sichtbar bei Gelegenheit des Hamburger Brandes. Die Partei der Menschheit hat da einen großen Triumph gefeiert. Es übersteigt alle Begriffe, wie gewaltig das Mitgefühl hier alle Volksklassen erfaßte, als sie von dem Unglück hörten, das jene ferne deutsche Stadt betroffen, deren geographische Lage vielleicht den wenigsten bekannt war. Ja, bei solchen Anlässen zeigt es sich, daß die Völker dieser Erde inniger verbunden sind, als man da und dort ahnen oder wünschten mag, und daß bei aller Verschiedenheit der Interessen dennoch eine glühende Bruderliebe in Europa auflodern kann, wenn die rechte Stunde kommt. Hatte aber die Nachricht von jenem furchtbaren Brande bei den Franzosen, die gleichzeitig im eignen Hause ein schmerzliches Schrecknis erlebten, die rührendste Sympathie hervorgerufen, so mußte die Teilnahme in noch stärkerem Grade stattfinden bei den hier wohnenden Deutschen, die ihre Freunde und Verwandten in Hamburg besitzen. Unter den Landsleuten, die sich bei dieser Gelegenheit durch mildtätigen Eifer auszeichneten, muß Herr James von Rothschild ganz besonders genannt werden, wie denn überhaupt der Name dieses Hauses immer hervortritt, wo ein Werk der Menschenliebe zu verrichten ist. Und mein armes Hamburg liegt in Trümmern, und die Orte, die mir so wohl bekannt, mit welchen alle Erinnerungen meiner Jugend so innig verwachsen, sie sind ein rauchender Schutthaufen! Am meisten beklage ich den Verlust jenes Petriturmes – er war über die Kleinlichkeit seiner Umgebung so erhaben! Die Stadt wird bald wieder aufgebaut sein mit neuen, gradlinigen Häusern und nach der Schnur gezogenen Straßen, aber es wird doch nicht mehr mein altes Hamburg sein, mein altes, schiefwinkliges, schlabbriges Hamburg. Der Breitengiebel, wo mein Schuster wohnte und wo ich Austern aß, bei Unbescheiden – ein Raub der Flammen! Der »Hamburger Korrespondent« meldet zwar, daß der Dreckwall sich bald wie ein Phönix aus der Asche erheben werde – aber ach, es wird doch der alte Dreckwall nicht mehr sein! Und das Rathaus – wie oft ergötzte ich mich an den Kaiserbildern, die, aus Hamburger Rauchfleisch gemeißelt, die Fassade zierten! Sind die hoch- und wohlgepuderten Perücken gerettet, die dort den Häuptern der Republik ihr majestätetisches Ansehen gaben? Der Himmel bewahre mich, in einem Moment wie der jetzige an diesen alten Perücken ein weniges zu zupfen. Im Gegenteil, ich möchte bei dieser Gelegenheit vielmehr bezeugen, daß die Regierung zu Hamburg immer die Regierten übertraf an gutem Willen für gesellschaftlichen Fortschritt. Das Volk stand hier immer tiefer als seine Stellvertreter, worunter Männer von der bedeutendsten Bildung und Vernünftigkeit. Aber es steht zu hoffen, daß der große Brand auch die untern Intelligenzen ein bißchen erleuchtet haben wird und die ganze hamburgische

Bevölkerung jetzt einsieht, daß der, der ihr im Unglück seine Wohltat angedeihen ließ, späterhin nicht mehr durch kleinlichen Krämersinn beleidigt werden darf. Namentlich die bürgerliche Gleichstellung der verschiedenen Konfessionen wird gewiß jetzt nicht mehr in Hamburg vertagt werden können. – Wir wollen das Beste von der Zukunft erwarten; der Himmel schickt nicht umsonst die großen Prüfungen.

Über tredition

Eigenes Buch veröffentlichen

tredition wurde 2006 in Hamburg gegründet und hat seither mehrere tausend Buchtitel veröffentlicht. Autoren veröffentlichen in wenigen leichten Schritten gedruckte Bücher, e-Books und audioBooks. tredition hat das Ziel, die beste und fairste Veröffentlichungsmöglichkeit für Autoren zu bieten.

tredition wurde mit der Erkenntnis gegründet, dass nur etwa jedes 200. bei Verlagen eingereichte Manuskript veröffentlicht wird. Dabei hat jedes Buch seinen Markt, also seine Leser. tredition sorgt dafür, dass für jedes Buch die Leserschaft auch erreicht wird.

Im einzigartigen Literatur-Netzwerk von tredition bieten zahlreiche Literatur-Partner (das sind Lektoren, Übersetzer, Hörbuchsprecher und Illustratoren) ihre Dienstleistung an, um Manuskripte zu verbessern oder die Vielfalt zu erhöhen. Autoren vereinbaren direkt mit den Literatur-Partnern die Konditionen ihrer Zusammenarbeit und partizipieren gemeinsam am Erfolg des Buches.

Das gesamte Verlagsprogramm von tredition ist bei allen stationären Buchhandlungen und Online-Buchhändlern wie z. B. Amazon erhältlich. e-Books stehen bei den führenden Online-Portalen (z. B. iBookstore von Apple oder Kindle von Amazon) zum Verkauf.

Einfach leicht ein Buch veröffentlichen: **www.tredition.de**

Eigene Buchreihe oder eigenen Verlag gründen

Seit 2009 bietet tredition sein Verlagskonzept auch als sogenanntes "White-Label" an. Das bedeutet, dass andere Unternehmen, Institutionen und Personen risikofrei und unkompliziert selbst zum Herausgeber von Büchern und Buchreihen unter eigener Marke werden können. tredition übernimmt dabei das komplette Herstellungs- und Distributionsrisiko.

Zahlreiche Zeitschriften-, Zeitungs- und Buchverlage, Universitäten, Forschungseinrichtungen u.v.m. nutzen diese Dienstleistung von tredition, um unter eigener Marke ohne Risiko Bücher zu verlegen.

Alle Informationen im Internet: **www.tredition.de/fuer-verlage**

tredition wurde mit mehreren Innovationspreisen ausgezeichnet, u. a. mit dem Webfuture Award und dem Innovationspreis der Buch Digitale.

tredition ist Mitglied im Börsenverein des Deutschen Buchhandels.

Dieses Werk elektronisch lesen

Dieses Werk ist Teil der Gutenberg-DE Edition DVD. Diese enthält das komplette Archiv des Projekt Gutenberg-DE. Die DVD ist im Internet erhältlich auf **http://gutenbergshop.abc.de**

MIX

Papier | Fördert
gute Waldnutzung

FSC® C083411

Zeitfracht Medien GmbH
Ferdinand-Jühlke-Straße 7
99095 Erfurt, Deutschland
produktsicherheit@kolibri360.de